OS SEGREDOS DO SISTEMA SOLAR

Paulo Sergio Bretones

15ª edição
ATUALIZADA

COORDENAÇÃO
Luiz Carlos Pizarro Marin

ILUSTRAÇÕES
Alex Argozino, Estúdio Ampla Arena, Conceitograf, Paulo César Pereira

Conforme a nova ortografia

Atual
Editora

Copyright © Paulo Sergio Bretones, 1993

Dados Internacionais de Catalogação na Publicação (CIP)
(Câmara Brasileira do Livro, SP, Brasil)

> Bretones, Paulo Sergio
>   Os segredos do sistema solar / Paulo Sergio Bretones ; coordenação Luiz Carlos Pizarro Marin ; ilustrações Alex Argozino, Estúdio Ampla Arena, Conceitograf, Paulo César Pereira. – 15ª ed. atual. – São Paulo : Atual, 2011.
>
> Bibliografia.
> ISBN 978-85-357-1417-3
>
> 1. Planetas 2. Sistema solar 3. Sistema solar (Ensino fundamental) I. Marin, Luiz Carlos Pizarro. II. Argozino, Alex. III. Estúdio Ampla Arena. IV. Conceitograf. V. Título.
>
> 111-12331   CDD-523.2

Índice para catálogo sistemático:
1. Sistema solar : Astronomia   523.2

Coleção Projeto Ciência
Gerente editorial: Rogério Gastaldo
Editora-assistente: Solange Mingorance
Revisão: Pedro Cunha Jr. e Lilian Semenichin (coords.) / Caroline Zanelli / Patricia Cordeiro / Tayra Alfonso
Pesquisa iconográfica: Cristina Akisino (coord.) / Roberto Silva
Gerente de arte: Nair de Medeiros Barbosa
Assistente de produção de arte: Grace Alves
Coordenação eletrônica: Silvia Regina E. Almeida
Projeto gráfico, capa e diagramação: Commcepta Design
Ilustrações: Alex Argozino, Estúdio Ampla Arena, Conceitograf
Imagem de capa: Denis Scott / Corbis / Latinstock
Suplemento de atividades: Kátia Mantovani
Produtor Gráfico: Rogério Strelciuc
Impressão e Acabamento: Log&Print Gráfica e Logística S.A.

Todas as citações de textos contidas neste livro estão de acordo com a legislação, tendo por fim único e exclusivo o ensino. Caso exista algum texto a respeito do qual seja necessária a inclusão de informação adicional, ficamos à disposição para o contato pertinente. Do mesmo modo, fizemos todos os esforços para identificar e localizar os titulares dos direitos sobre as imagens publicadas e estamos à disposição para suprir eventual omissão de crédito em futuras edições.

7ª tiragem – 2020

SARAIVA Educação S.A.
Avenida das Nações Unidas, 7.221 – Pinheiros
CEP 05425-902 – São Paulo – SP
www.editorasaraiva.com.br

Tel.: (0xx11) 4003-3061
atendimento@aticascipione.com.br

CL: 810573
CAE: 576127

APRESENTAÇÃO

Desde a Antiguidade, o homem tem observado o universo que o cerca e buscado maior compreensão dos fenômenos que percebe. Inicialmente, olhava o céu com temor e tinham os astros como deuses.

Numa outra etapa, pela união das estrelas com linhas imaginárias, passou a formar figuras em sua mente e a incorporá-las às lendas.

Com o tempo, os temores e as lendas foram cedendo lugar à observação sistemática do céu, dando origem à astronomia. Essa ciência evoluiu bastante de alguns séculos para cá, principalmente com a descoberta e o desenvolvimento dos instrumentos óticos, em particular a luneta e os telescópios. A astronomia nos oferece a oportunidade de conhecer mais sobre o universo e lembrar que somos viajantes de uma nave chamada Terra.

O sistema solar é nosso endereço no espaço. No centro do sistema está o Sol, nossa estrela, responsável por manter a vida na Terra, nos enviando luz e calor. Ao seu redor, giram os planetas acompanhados de suas luas, bem como asteroides, cometas, meteoroides e os recém-denominados planetas-anões. Tais astros giram ao redor do Sol em órbitas específicas e a determinadas distâncias.

Quando muito próximos do Sol, os planetas são muito quentes e, quando muito afastados, muito frios. São compostos de substâncias conhecidas, mas muito diferentes das que existem no ambiente de nosso planeta. Há planetas com atmosferas feitas de hidrogênio, amônia e metano. Além disso, certas características desses corpos celestes são especiais, como os anéis de Saturno e de outros planetas.

Os cometas, com suas órbitas achatadas ou até abertas, com seus núcleos congelados, ao se aproximarem mais do Sol, formam belas caudas de gás.

Existem muitos meteoroides no espaço; diversos deles produzem um rastro luminoso, chamado de estrela cadente, quando entram na atmosfera. Outros, por sua vez, conseguem chegar até a superfície da Terra: são os meteoritos.

Nas páginas seguintes, você vai embarcar nessa aventura que é conhecer os astros do sistema solar. Vai saber como são os planetas que o compõem, de que são feitos os cometas, como ocorrem os eclipses, o que é um planeta-anão, como se produzem os meteoros e muito mais. Durante a viagem, você vai perceber a Terra como o verdadeiro paraíso, que deve ser cuidado com muito carinho para não ser destruído.

Paulo Sergio Bretones

SUMÁRIO

1 — O QUE ACONTECE NO CÉU — 5
Eclipses — 6
- Eclipse lunar — 7
- Eclipse solar — 8

2 — ASTRONOMIA ATRAVÉS DOS TEMPOS — 9
Seguindo as estrelas — 10
Arqueoastronomia – o céu dos pré-históricos — 11
Primeiras observações — 11
Conhecimentos da Mesopotâmia — 12
Astronomia ligada à religião — 13
O espaço na visão dos povos americanos — 13
Nascimento da ciência astronômica — 15
Árabes e as estrelas — 16

3 — IDADE MODERNA DESCOBRE SISTEMA HELIOCÊNTRICO — 17
A revolucão da astronomia com Kepler — 19
Primeiros telescópios — 19
Evolução dos instrumentos — 21

4 — BEM-VINDO AO SISTEMA SOLAR — 24
Sol — 25
Mercúrio — 27
Vênus — 27
Terra — 29
Marte — 33
Júpiter — 34
Saturno — 35
Urano — 36
Netuno — 36

5 — OUTROS CORPOS DO SISTEMA SOLAR — 37
Planetas-anões — 37
Asteroides — 38
Objetos transnetunianos — 39
- Cometas — 39
Meteoroides, meteoros e meteoritos — 41
Vida em outros planetas? — 41

Folha da Ciência — 42
Observatórios e planetários — 44
Museus e parques — 49
Filmes e vídeos — 50
Links interessantes — 51
Bibliografia sugerida — 53

O QUE ACONTECE NO CÉU

Os seres humanos primitivos conheciam o ciclo de dias e noites.

NOS TEMPOS PRIMITIVOS, HÁ MUITOS MILHARES DE ANOS, TUDO O QUE SE SABIA SOBRE O UNIVERSO REDUZIA-SE AO QUE SE PODIA VER, OUVIR, CHEIRAR, PÔR NA BOCA. MESMO ASSIM, OS HOMENS PRIMITIVOS PERCEBIAM A EXISTÊNCIA DE UM CICLO DE DIAS E NOITES, COM O SOL NASCENDO DE MANHÃZINHA, CHEGANDO AO MÁXIMO DE SUA CLARIDADE NO MEIO DO DIA E LENTAMENTE DESAPARECENDO NO COMEÇO DA NOITE.

Se você fosse um ser primitivo e, de repente, a luz do Sol começasse a diminuir, diminuir, e logo fosse substituída por apenas uma claridade de crepúsculo, com um vento frio tomando o lugar do calor solar e, então, passados poucos minutos, tão subitamente como começou, a escuridão fosse diminuindo até dar lugar ao dia ensolarado de antes, qual seria sua reação?

O que você sentiria se passasse por uma experiência dessas? Certamente, ficaria apavorado, mudo de espanto e, de tanto susto, talvez nem sequer conseguisse se mexer de onde estava. O mesmo se passaria com os outros integrantes de sua tribo. Afinal, mesmo hoje em dia, um *ECLIPSE TOTAL DO SOL* causa o maior rebuliço entre as pessoas.

ECLIPSE TOTAL DO SOL

O mais recente eclipse do Sol visível no Brasil foi observado em Natal, no dia 29 de março de 2006, e sua faixa de visibilidade foi até a Mongólia. O próximo eclipse total do Sol, visível no país, será dia 12 de agosto de 2045.

Fonte: http://www.eclipse-maps.com. Acesso em 18/08/11.

Para o homem primitivo, um eclipse era um fenômeno inexplicável.

É também provável que, passado o eclipse, todos fizessem indagações sobre o que teria "apagado" momentaneamente o Sol. E é igualmente possível que acontecessem comparações entre os fenômenos celestes regulares ou periódicos, como a sucessão de dias e noites, as fases da Lua etc., e os esporádicos (estes provavelmente vistos como bolas de fogo que se "despregavam" de onde estavam e "escorregavam" pelo céu).

Essas e muitas outras especulações sobre os astros devem ter sido feitas com frequência por nossos antepassados. O que seriam os pontinhos brilhantes que enxergavam lá em cima, à noite? Por que uns brilhavam mais que outros? Por que alguns astros pareciam nunca mudar de lugar no céu enquanto outros se moviam em trajetórias bem definidas? Como teria surgido o universo? Ele teria começo e fim?

De tanto observar o céu, esses primeiros "astrônomos" acabaram respondendo a algumas dessas questões e aprendendo a identificar as estrelas, as fases da Lua, os eclipses, os cometas e vários fenômenos celestes.

Eclipses

A Terra e a Lua são iluminadas pelo Sol. Como são corpos opacos, isto é, que não permitem a passagem da luz através de si, apresentam, na face oposta à incidência da luz, uma sombra. Tal sombra é mais densa no centro, onde não chega o menor resquício de luz solar. Mas, na periferia dessa sombra, Terra e Lua mostram uma região parcialmente iluminada pelo Sol, chamada penumbra.

A Terra gira ao redor do Sol num plano diferente daquele em que a Lua gira ao redor da Terra. O ângulo de inclinação entre esses dois planos é de pouco mais de 5°. Assim, quando a Lua passa entre a Terra e o Sol, seu disco não encobre nosso astro rei.

Os eclipses — solares ou lunares — ocorrem sempre que o Sol, a Terra e a Lua ficam alinhados num mesmo plano.

O homem prevê os eclipses desde a Antiguidade. Foram os eclipses lunares que forneceram a primeira prova de que a Terra é redonda.

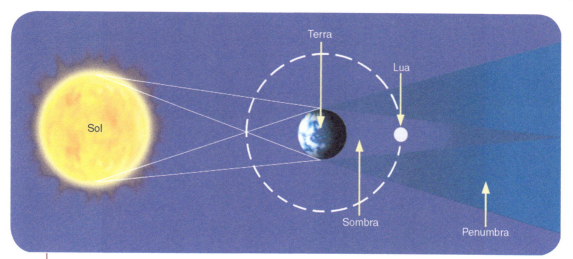

Representação esquemática do eclipse lunar (imagem fora de escala).

Também ajudaram a calcular a distância entre nós e a Lua.

Sabe-se que Flavius Josephus (37 ou 38 a.C. – 100 ou 103 a.C.), historiador judeu que viveu no começo do século I, relatou a ocorrência de um eclipse lunar na noite que precedeu a morte do rei Herodes. Isso ajudou a determinar a data de sua morte e, indiretamente, o começo da Era Cristã.

Eclipse lunar

Quando o alinhamento dos três astros – Sol, Terra, Lua – se dá com a Terra no centro, a Lua penetra na região de sombra ou de penumbra gerada pela Terra: é o eclipse lunar. Os eclipses lunares, que ocorrem sempre na fase de Lua cheia, podem ser de três tipos: total, parcial e penumbral.

No eclipse total, a Lua "mergulha" completamente na sombra terrestre. No eclipse parcial, a Lua entra parcialmente na sombra da Terra. No eclipse penumbral, ela penetra apenas na zona de penumbra originada pela Terra.

Eclipse total da Lua.

Você sabia?

Fases da Lua

A Lua tem quatro fases principais: cheia, quarto minguante, nova – quando não podemos vê-la – e quarto crescente. No entanto, quando vemos uma meia-lua no céu, é comum a confusão de quarto crescente com quarto minguante. Aí vai uma dica para não fazer mais confusão: quando você vir no céu uma meia-lua, trace uma linha imaginária, ligando as duas pontas. Se a figura formada for a letra "d", a Lua está na fase de quarto crescente (no alfabeto, a letra "c", de "crescente" está mais perto da letra "d"). Se formar a letra "p", a Lua está na fase de quarto minguante (no alfabeto, a letra "m", de minguante, está mais próxima da letra "p"). Fácil, não é?

Fonte: EDITORA SARAIVA. *Saraiva Júnior; dicionário da língua portuguesa ilustrado*. São Paulo: Saraiva, 2006.

Eclipse solar

Quando o alinhamento se dá com a Lua no centro, entre o Sol e a Terra, temos um eclipse solar.

Podem-se observar três tipos de eclipses solares: total, parcial e anular. O eclipse total do Sol ocorre quando o disco da Lua encobre totalmente o disco solar, fazendo com que o dia escureça por completo na região onde se observa o eclipse. Nesse caso, o observador encontra-se na sombra produzida pela Lua, podendo observar a coroa e as protuberâncias solares.

O eclipse parcial do Sol ocorre quando a Lua encobre parcialmente o disco solar. Nesse caso, o observador encontra-se na região de penumbra produzida pela Lua.

Nos **ECLIPSES ANULARES**, devido à maior distância entre a Terra e a Lua, na fase máxima do eclipse pode-se observar um anel do disco solar.

Quem quiser observar um eclipse solar deve tomar o cuidado de olhar o fenômeno com um filtro apropriado ou, melhor ainda, de projetar a imagem do Sol numa tela, para evitar a cegueira.

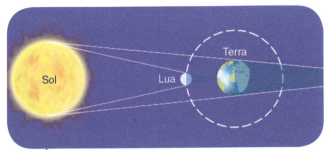

Representação esquemática do eclipse solar (imagem fora de escala).

Exposição múltipla mostra a progressão do eclipse anular do Sol, de maio de 1994, em El Passo, Texas, Estados Unidos.

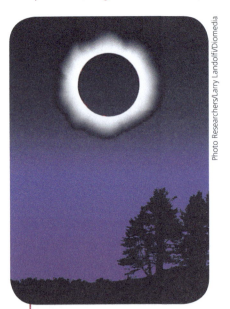

Imagem de um eclipse total do Sol. A coroa solar, composta por gases muito quentes, forma a camada externa do Sol, sendo vista apenas durante eclipses.

ECLIPSES ANULARES
No site do Instituto de Física da Universidade Federal do Rio Grande do Sul (UFRGS), você pode encontrar mais detalhes de um eclipse anular.

Fonte: http://astro.if.ufrgs.br/eclipses/eclipse.html. Acesso em 02/12/11.

ASTRONOMIA ATRAVÉS DOS TEMPOS

2

Pintura rupestre.

ALÉM DA CURIOSIDADE NATURAL DO HOMEM PELO QUE ACONTECE AO SEU REDOR, OUTRO FATO POSSIVELMENTE CONTRIBUIU PARA QUE ELE PROCURASSE DECIFRAR OS SEGREDOS DO CÉU: A TRANSIÇÃO DA VIDA NÔMADE PARA A VIDA SEDENTÁRIA. ELE DEIXOU DE PERAMBULAR COM SEU GRUPO EM BUSCA DE COMIDA E SE FIXOU NUM SÓ LUGAR, ONDE PASSOU A PRODUZIR SEU PRÓPRIO ALIMENTO. VOCÊ DEVE ESTAR SE PERGUNTANDO: "O QUE TEM UMA COISA A VER COM A OUTRA?".

Tem muita coisa. Quando eram nômades, os seres humanos viviam à base de caça, pesca e coleta de vegetais disponíveis naturalmente no ambiente. Para consumi-los, os homens não precisavam saber muita coisa sobre os astros. Quando esses produtos se tornavam escassos num local, eles precisavam se deslocar com seu grupo ou tribo para um novo local, onde houvesse mais alimentos. Esse estilo de vida era, certamente, muito duro e deve ter se tornado ainda mais difícil à medida que as tribos cresciam e necessitavam cada vez mais de comida.

Por outro lado, durante suas perambulações, nossos antepassados devem ter percebido que sementes lançadas ao solo acabavam se transformando em plantas semelhantes àquelas que haviam originado as sementes.

Também devem ter notado que era fácil atrair e criar em cativeiro muitas espécies de animais, incluindo aqueles que davam leite, lã etc.

Juntando todas essas experiências, nossos antepassados mais espertos chegaram a uma conclusão: era muito mais simples e garantido consumir produtos vegetais que eles mesmos plantassem e animais que criassem, do que deixar ao acaso o encontro da comida do dia a dia. E era bem mais confortável contar com moradias fixas, construídas por eles próprios segundo suas necessidades, do que com cavernas que precisavam disputar com animais ferozes ou outros homens.

Seguindo as estrelas

Nessa altura da história nossos distantes parentes começaram a ver com novos olhos fenômenos que já conheciam muitíssimo bem, mas aos quais não davam grande importância até então. As marés, relacionadas às fases da Lua, ganharam importância devido à possibilidade de invadirem áreas cultivadas ou de moradia. A luz do Sol e a chuva, antes consideradas apenas em sua interferência momentânea, apareciam agora como elementos essenciais ao crescimento das plantas e, indiretamente, dos animais que consumiam essas plantas.

As estações do ano e o tempo que cada uma durava tornavam-se vitais para a determinação do cultivo desta ou daquela variante vegetal. Como as estações eram determinadas pelo Sol, este passou a ser o centro das atenções humanas, principalmente nas regiões situadas mais ao norte do planeta, onde as mudanças no padrão de luz solar ao longo do ano eram bem marcadas e de fácil observação.

Nos lugares mais próximos dos trópicos, as mudanças de posição do Sol em relação à Terra eram menos evidentes. Nesses locais, foram as estrelas, sempre visíveis nas claras noites tropicais, que permitiram aos primeiros homens determinar a duração do ano e dividi-lo em estações, meses, etc. As pessoas devem ter notado, por exemplo, que determinados agrupamentos de estrelas estavam sempre numa certa posição quando era tempo de plantar, mas apareciam em outra localização do céu na época das chuvas, e assim por diante. Dessas observações devem ter surgido os primeiros calendários.

Confirmada a importância dos astros, especialmente do Sol, para a vida na Terra, entende-se por que vários povos do passado consideravam os astros deuses.

Você sabia?

Marés

As marés na Terra constituem um fenômeno resultante da atração gravitacional exercida pela Lua sobre a Terra e, em menor escala, da atração gravitacional exercida pelo Sol sobre a Terra. A maré provocada pela Lua corresponde à força da atração gravitacional sentida no lado da Terra que está mais próximo da Lua. Essa força é sempre *maior* do que a sentida no centro da Terra; e a atração gravitacional sentida no lado da Terra que está mais distante da Lua é *menor* do que a sentida no centro da Terra. Portanto, em relação ao centro da Terra, um lado está sendo puxado na direção da Lua e o outro lado está sendo puxado na direção contrária. Como a água flui muito facilmente, ela se "empilha" nos dois lados da Terra, que fica com um bojo de água na direção da Lua e outro na direção contrária. Enquanto a Terra gira no seu movimento diário, o bojo de água continua sempre apontando aproximadamente na direção da Lua. Quando a Terra estiver exatamente embaixo da Lua, terá maré alta. Seis horas mais tarde, a rotação da Terra terá levado esse ponto a 90° da Lua, e será maré baixa e assim sucessivamente.

Fonte: Instituto de Física da Universidade Federal do Rio de Janeiro. http://www.if.ufrj.br/teaching/astron/mare/m.html. Acesso em 19/01/09.

Saco do Mamanguá, em Paraty/RJ, durante a maré baixa (acima) e no período de maré alta (abaixo).

Assim, por exemplo, na mitologia romana, Júpiter era tido como o deus dos deuses — chamado de Zeus pelos gregos.

Até hoje podemos observar resquícios dessa divinização dos astros pelos antigos, que a eles dedicaram os dias da semana. Assim, por exemplo, Monday, "segunda-feira", em inglês, é uma contração de *Moon Day*, ou "Dia da Lua". É o mesmo significado do *Lundi* francês. Nossa língua portuguesa é uma das poucas que, devido à influência do catolicismo, não conservou a relação entre os dias da semana e os astros-deuses.

Arqueoastronomia – o céu dos pré-históricos

Muitas inscrições em cavernas, esculturas e construções pré-históricas comprovam o conhecimento astronômico dos antigos. São exemplos disso os megálitos, monumentos de grandes dimensões, feitos com blocos de rocha alinhados. Os megálitos são encontrados principalmente na Europa e vários deles estão orientados para determinada direção do nascer do Sol. São megálitos famosos o círculo de pedras de Stonehenge, na Inglaterra, as pedras de Sternstein, na Alemanha, e as de *CARNAC*, na França.

Stonehenge, localizado na planície de Salisbury, no sul da Inglaterra, existe há quase 4 mil anos. O monumento, que ocupa uma área aproximada de 40 mil metros quadrados e cujo nome vem do saxão *stanhengist* ("pedras suspensas"), deve ter levado muitos séculos para ser construído. Provavelmente foi feito para o culto a astros como o Sol, a Lua e as estrelas. O alinhamento de certas pedras indica as quatro estações do ano, assim como prevê eclipses lunares e solares. As pedras de Sternstein, na floresta de Teutoburg, na Alemanha, permitem, a partir do seu alinhamento e da sombra projetada por uma estaca,

Círculo de pedras de Stonehenge, Wiltshire, Inglaterra. Cada pedra do monumento pesa em média 26 toneladas. A avenida principal, que parte do centro do monumento, aponta para o local no horizonte em que o Sol nasce no dia mais longo do verão (solstício). Conheça mais sobre esse fenômeno em: http://www.stonehengelaserscan.org/animations.html. Acesso em 19/01/09.

a determinação do dia mais longo do ano, no solstício de verão.

Em Carnac, na França, quase 3 mil pedras estão alinhadas, formando corredores, que possivelmente eram usados para procissões. Muitos desses corredores acabam em círculos e semicírculos também formados por pedras.

Primeiras observações

Usando constantemente as estrelas como guias para muitos fatos importantes de sua vida e sem ter meios de saber como era o universo, nossos antepassados acabaram acreditando que os astros eram a causa de muitos fenômenos com os quais, na verdade, não tinham ligação. Assim, por exemplo, atribuíam certos acontecimentos, como chuvas, à presença de certas estrelas no

---

CARNAC
Em Carnac, na França, 1.100 menires de Carnac, alinhados em 11 avenidas, acompanham o movimento da Lua.

Fonte: http://revistagalileu.globo.com/EditoraGlobo/componentes/article/edg_article_print/1,3916,1045103-1719-1,00.html. Acesso em 22/02/11.

céu, quando estas nada tinham a ver com as precipitações — apenas sua posição no céu era sempre a mesma quando isso acontecia.

Um exemplo são os antigos egípcios que, vinte séculos antes de Cristo, combinavam observações do céu a seu **CALENDÁRIO** para assim prever as épocas de cheias e secas do rio Nilo. Para isso, baseavam-se na posição do Sol em relação às estrelas no horizonte ao alvorecer. No entanto, como sempre viam a estrela Sirius no amanhecer dos dias de cheia, creditavam a ela a causa do transbordamento do rio.

Além disso, a astronomia egípcia viveu muito tempo ligada à religião. As observações do céu feitas por seus sacerdotes-astrônomos ao longo de séculos, porém, eram muito acuradas e serviram para o estabelecimento do primeiro calendário de 365 dias.

Os egípcios conheciam muito bem os pontos cardeais, fato que pode ser comprovado pela observação das pirâmides, que estão corretamente orientadas com relação a Norte, Sul, Leste e Oeste.

Na concepção dos egípcios, o universo foi criado quando os irmãos incestuosos Geb (deus da Terra) e Nut (deusa do Céu) foram separados pelo pai Shu (deus do Ar). A figura mostra Nut (o céu estrelado) suspensa pelo pai, enquanto Geb (a Terra) está reclinado no chão. Segundo a lenda, Terra e Céu viviam "abraçados", impedindo que qualquer coisa nascesse entre eles.

Conhecimentos da Mesopotâmia

Outras observações astronômicas de que se tem notícia na Antiguidade foram feitas pelos caldeus, povo que viveu na Mesopotâmia (atual Iraque), a mais importante região daqueles tempos, situada entre os rios Tigre e Eufrates. Os babilônios, que habitaram a Mesopotâmia cerca de vinte séculos antes de Cristo, adotavam a duração do mês, que calculavam em trinta

CALENDÁRIOS ANTIGOS
http://www.brasilescola.com/historiag/calendarios-antigos.htm. Acesso em 14/04/15.

Cerimônia de doação de terras pelo rei da Babilônia, Melishipak II. Acima, veem-se os símbolos dos deuses Ishtar (Vênus), Sin (Lua) e Shamash (Sol). Coluna do século XII a.C.

dias, tempo passado entre duas Luas novas. A eles se atribui ainda o reconhecimento de várias **CONSTELAÇÕES** importantes.

Astronomia ligada à religião

Já os hindus, fortemente influenciados pela religião, tinham uma astronomia clássica baseada na ideia de que o universo sofre um número imenso de mortes e renascimentos. Seus ciclos vão desde o dia e a noite que conhecemos até o dia e a noite de Brahma (uma das divindades máximas do hinduísmo), com 8,64 bilhões de anos de duração.

De qualquer forma, seis a sete séculos antes da Era Cristã os hindus já haviam calculado o diâmetro da Lua e estabelecido ciclos cósmicos que incluíam a revolução dos planetas. Tinham uma representação da Terra rica em simbolismo, na qual nosso planeta aparecia apoiado em quatro elefantes que, por sua vez, se equilibravam sobre uma gigantesca tartaruga.

Representação da Terra para os hindus.

O espaço na visão dos povos americanos

Do mesmo modo que egípcios e mesopotâmicos, vários povos do continente americano desenvolviam sua ciência astronômica. Ruínas de possíveis observatórios do céu deixadas pelos maias, que viviam nas matas de Iucatã, no México, e das regiões vizinhas da Guatemala e de Honduras, comprovam o desenvolvimento desse povo na área da astronomia.

Infelizmente, além dessas ruínas, dispõem-se apenas de três manuscritos que permitem estudar o conhecimento científico dos maias. Outros vinte documentos foram queimados pelos espanhóis, em 1562, quando tentavam tomar posse do local.

O dragão havia engolido o Sol: era assim que os chineses explicavam o eclipse.

Como muitos outros povos antigos, os maias desenvolveram sua astronomia em torno de rituais religiosos, que deviam acontecer em épocas bem determinadas do ano. Para estudar o movimento dos astros, os maias construíram o

---

CONSTELAÇÃO - PLÊIADES
O primeiro registro escrito na Mesopotâmia com o nome de um objeto celeste data de cerca de 2500 a.C.: Mul-Mul ("estrela", para os sumérios), e foi feito em alusão ao aglomerado de estrelas atualmente conhecido como Plêiades.
Fonte: http://www.ufrgs.br/museudetopografia/fotos/Fotos_PDF/Apresenta%C3%A7%C3%A3o_Astronomia1.pdf. Acesso em 28/02/11.

O observatório de Chichén Itzá, no México, foi construído em 850 d.C., pelo povo maia.

chamado caracol, grande construção para observações astronômicas localizada em Chichén Itzá, nas planícies de Iucatã.

Os astecas, que viveram no planalto mexicano, construíram a Pirâmide dos Nichos de El Tajin, com 365 nichos, um para cada dia do ano, e a célebre "pedra do sol", um imenso calendário solar.

Outro povo americano que também tinha conhecimento astronômico eram os incas, que viviam nos Andes. Esse fato pôde ser demonstrado pelas ruínas de Machu Picchu (que no idioma quéchua significa "montanha velha"), no atual Peru, onde teria existido um observatório astronômico para o estudo dos movimentos do Sol, da Lua e das estrelas. A partir desses estudos os incas mediam o tempo.

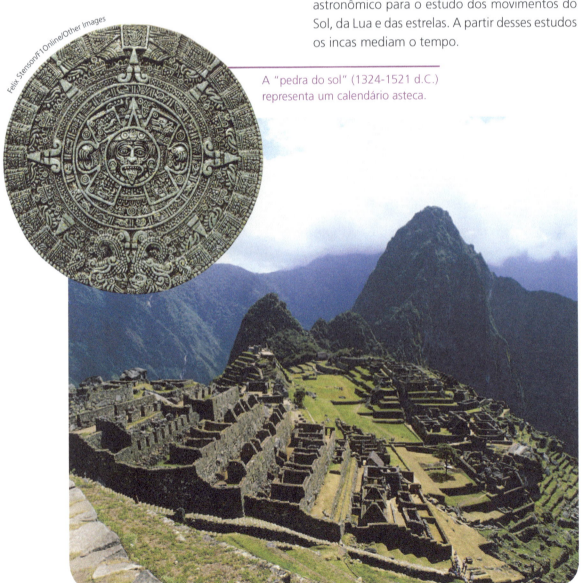

A "pedra do sol" (1324-1521 d.C.) representa um calendário asteca.

Em Machu Picchu, Peru, teria existido um observatório astronômico.

Nascimento da ciência astronômica

Embora a observação dos astros tenha ocorrido em todos os primitivos núcleos de civilização, é somente na Grécia antiga que a astronomia começa a ganhar características de um conhecimento racional, desligado da religião. Vamos nos concentrar na astronomia como ciência a partir do século VI a.C., quando os grandes filósofos gregos começam a desvincular o estudo dos fenômenos celestes dos mitos, utilizando a matemática e a geometria para descrevê-los.

Até então, acreditava-se que a Terra era plana. Durante o século VI a.C., **PITÁGORAS** propôs a noção de que nosso planeta era esférico e de que o universo era formado por corpos que se movimentavam segundo leis naturais harmoniosas.

Essas ideias foram incorporadas pelos filósofos da chamada escola pitagórica, que viveram no século seguinte e estudavam os eclipses da Lua pela sombra da Terra projetada naquele astro.

Na opinião de vários historiadores, um dos pontos mais altos do conhecimento dos gregos antigos foi a Escola de **ALEXANDRIA**, fundada por volta do ano 300 a.C. e que durou até o segundo século de nossa era. Fizeram parte dessa escola sábios como Aristarco, Eratóstenes, Hiparco e Cláudio Ptolomeu.

Num tempo em que se via a Terra como centro do universo, Aristarco, astrônomo e matemático, sustentou que ao redor do Sol giravam todos os planetas, inclusive a Terra, que também girava em torno de seu próprio eixo. Calculou a distância entre a Terra e o Sol, entre a Terra e a Lua e o tamanho relativo desses astros em relação ao nosso planeta.

Eratóstenes calculou com grande precisão o tamanho da Terra. Hiparco, astrônomo e matemático grego (190 – 126 a.C.), é considerado o maior astrônomo da Grécia antiga. Inventou o astrolábio, um instrumento para medição da altura dos astros pelo ângulo que os separa do

PITÁGORAS

Filósofo e matemático grego que viveu no século 6 a.C. Fundou em Crotona, na Grécia, uma escola que alcançou grande desenvolvimento e número considerável de discípulos. Não deixou nenhuma obra escrita.

ALEXANDRIA

Alexandria era o centro de conhecimento do mundo antigo. Alexandre, o Grande, Rei da Macedônia, conquistou o Egito em 332 a.C. e ordenou que fosse ali implantada a nova capital, com a intenção de servir de base naval e se constituir no centro da cultura grega no Egito. Foi com essa concepção que nasceu a escola e a biblioteca de Alexandria, no mundo antigo. A ideia de Alexandre era criar uma academia similar à de Platão. Para isso, foram trazidos livros de Atenas, dando início à famosa biblioteca de Alexandria. Tal biblioteca se distinguiu por ser um centro de conhecimento e pesquisa sem fronteiras. Além da biblioteca, o complexo abrangia um museu contendo jardins, um parque zoológico com animais exóticos, salas de aula e um observatório astronômico. Parece que de 30 a 50 pesquisadores, vindos de todas as partes do mundo civilizado, participavam do complexo, sustentados inicialmente pela família real, e depois através de fundos públicos.

Ruínas da Biblioteca de Alexandria.

Fonte: Adaptado de http://www.dm.ufscar.br/hp/hp855/hp855001/hp855001.html#antiga. Acesso em 22/02/11.

Ilustração do século XVI mostrando Ptolomeu sendo orientado pela musa Astronomia e usando um quadrante.

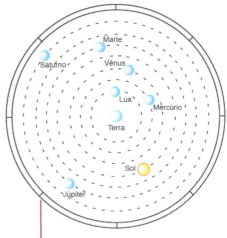

Concepção aristotélica do universo.

Árabes e as estrelas

Os árabes incorporaram o conhecimento dos gregos e continuaram a prestar contribuições para o desenvolvimento da astronomia. Os resultados desse esforço só se tornaram conhecidos no Ocidente quando os mouros conquistaram a Espanha, no século VIII. Muitos nomes de estrelas foram dados pelos árabes. Entre eles, destacamos Mintaka, Alnilan e Alnitak, que são as nossas conhecidas Três Marias.

horizonte. Também determinou com exatidão o período de revolução da Lua e sua órbita. Organizou um catálogo com aproximadamente 850 estrelas, que classificou em seis categorias, conforme o brilho.

Mas quem copilou os dados mais importantes da astronomia grega foi Cláudio Ptolomeu, que, no ano 150 a.C., quando trabalhava na Escola de Alexandria, escreveu o *Almagesto*, obra baseada na concepção geocêntrica do movimento dos astros. Esse livro serviu de base ao trabalho de muitos astrônomos por toda a Idade Média.

Durante todo esse tempo, os astrônomos e estudiosos seguiram as ideias do filósofo grego Aristóteles, que viveu entre os anos 384 e 322 a.C. Segundo ele, a Terra era imóvel e fixa no centro do universo, o céu era imutável e perfeito, o Sol, a Lua e os planetas se moviam em torno da Terra em trajetórias circulares.

Originalmente grego, o astrolábio foi difundido e aperfeiçoado pelos árabes e representou um grande avanço para os cálculos astronômicos.

IDADE MODERNA DESCOBRE SISTEMA HELIOCÊNTRICO

Representação da teoria heliocêntrica de Copérnico.

FOI O MONGE POLONÊS NICOLAU COPÉRNICO (1473 - 1543) QUEM, NO SÉCULO XVI, PRIMEIRO TENTOU HARMONIZAR O ESTUDO DA LOCALIZAÇÃO DOS ASTROS NO CÉU COM O MOVIMENTO QUE ELES FAZIAM NO ESPAÇO. TAIS ESTUDOS FORAM MUITO IMPORTANTES PARA SE EFETIVAR A IDEIA DE QUE, NA VERDADE, ERA O SOL O CENTRO DO SISTEMA SOLAR. A TEORIA DE COPÉRNICO FOI PUBLICADA EM LIVRO NO ANO DE 1543, COM O TÍTULO DE *REVOLUTIONIBUS ORBIUM COELESTIM*.

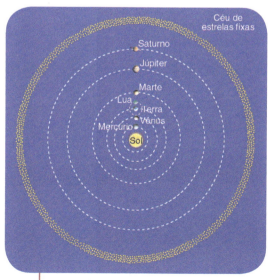

Sistema heliocêntrico de Nicolau Copérnico.

Nicolau Copérnico.

Um outro astrônomo que viveu quase na mesma época que Copérnico foi Tycho Brahe (1546-1601), um grande observador do céu num período em que ainda não existiam telescópios. Brahe recebeu do rei Frederico II a ilha de Hven, na Dinamarca, onde construiu seus observatórios *Uranienburg* (castelo do céu) e *Sternenburg* (castelo das estrelas).

Graças às observações realizadas nos "castelos" e à construção de instrumentos de precisão, Tycho descobriu que as medidas das posições dos astros no céu até então existentes eram muito imprecisas. Com os novos dados que levantara, conseguiu elaborar, em fins do século XVI, suas cartas estelares (mapa do céu), que se tornaram famosas entre os navegantes da época.

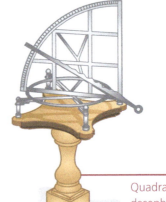

Quadrante de latão móvel desenhado por Tycho Brahe em seu observatório de Uranienburg.

Representação de Tycho Brahe em seu observatório.

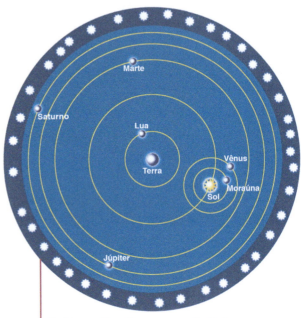

O sistema do universo segundo Tycho. Concepção que é um meio-termo entre as teorias heliocêntrica e geocêntrica.

Afinal, nessa época de grandes viagens marítimas, as cartas celestes eram vitais para que os navegadores se orientassem através dos mares. Portanto, quanto mais precisas fossem, melhores.

Outro dos trabalhos que destacaram Tycho Brahe foi a observação de uma estrela nunca antes notada. Esse fato contrariava frontalmente o dogma de que o céu era imutável.

Tycho elaborou ainda um sistema que tentava conciliar as teorias geocêntrica e heliocêntrica. Nesse sistema, a Terra aparecia imóvel no centro do universo e em torno dela giravam a Lua, o Sol e as estrelas. Ao redor do Sol, por sua vez, girariam os planetas Mercúrio, Júpiter e Saturno.

A revolução da astronomia com Kepler

Por volta de 1600, Tycho Brahe recebeu como colaborador Johannes Kepler (1571-1630), um matemático alemão de vida muito atribulada e infeliz: tinha sérios problemas visuais, sua primeira mulher morrera louca e sua mãe quase fora queimada como bruxa.

A mente brilhante de Kepler, porém, levou-o a utilizar as observações de Tycho para realizar estudos e cálculos sobre os movimentos planetários que resultaram na publicação, em 1601, de sua *Astronomia nova*. Essa obra trazia duas de suas leis gerais sobre o movimento dos planetas, até hoje aceitas. A primeira lei dizia que os planetas giravam em órbitas elípticas (e não circulares, como se acreditava até então), tendo o Sol em um de seus focos. A segunda lei garantia que os planetas se deslocavam a uma velocidade variável, de modo a manter constante uma grandeza por ele definida como velocidade areolar.

Johannes Kepler revolucionou os estudos da astronomia.

As **LEIS DE KEPLER**, por usarem a matemática para descrever relações universais dirigindo fenômenos particulares, provocaram a separação definida entre a astronomia e a teologia, casando-se de modo indissolúvel com a matemática e a física.

Primeiros telescópios

No começo do século XVII, o óptico holandês Hans Lippershey inventou um instrumento composto por lentes que aumentavam a capacidade visual. Era a primeira luneta. Sabendo da invenção desse artefato, o italiano Galileu Galilei (1564-1642) usou seus princípios para, por volta de 1610, construir o primeiro telescópio, que aumentava em três vezes o tamanho das imagens dos objetos observados.

Galileu explica sua teoria diante do Tribunal da Santa Inquisição, em 1633.

Sucessivos aperfeiçoamentos desse primeiro telescópio de Galileu resultaram em um pequeno instrumento, com uma lente de aproximadamente 4,5 centímetros de diâmetro, que aumentava as imagens em 33 vezes. Com esse instrumento simples, Galileu fez importantes descobertas, entre elas a existência de crateras e montanhas na Lua; as manchas solares, cuja observação mostrou a rotação do Sol em torno de si mesmo; os quatro maiores satélites de Júpiter; as primeiras imagens de Saturno; o fato de que a Via Láctea é constituída por incontáveis estrelas.

LEIS DE KEPLER
Veja animações sobre as três leis de Kepler na página da Universidade Federal do Rio Grande do Sul – http://astro.if.ufrgs.br/Orbit/orbits.htm. Acesso em 24/02/11.

Lunetas utilizadas por Galileu em suas observações.

Representação esquemática de uma luneta.

Outras descobertas de Galileu foram as fases de Vênus, a partir das quais deduziu que esse planeta era esférico e refletia a luz do Sol, em torno do qual supôs que girasse.

Tudo isso levou Galileu a defender o sistema heliocêntrico de Copérnico, segundo o qual o Sol estava no centro do sistema e a Terra girava ao seu redor. Mas tal atitude envolveu-o numa séria polêmica com a Igreja Católica, que era partidária do sistema geocêntrico de Ptolomeu.

Por causa disso, Galileu foi submetido à Inquisição – tribunal religioso que combatia qualquer ideia contrária às crenças da Igreja – e obrigado a negar suas ideias. Se não tivesse feito isso, poderia ter sido preso, torturado, destituído de seus bens ou até mesmo queimado vivo numa fogueira.

Mesmo assim, com o tempo as descobertas de Galileu acabaram vencendo a ignorância do método científico de estudo dos astros, que desde então começou a ser feito como fazemos até hoje, com instrumentos e métodos.

CONTRIBUIÇÕES DE NEWTON

Em 1687, Isaac Newton (1642-1727) publicou sua obra *Princípios matemáticos de filosofia natural*, onde expôs sua teoria sobre a gravitação universal e descreveu dinamicamente o movimento da Lua ao redor da Terra e dos planetas em torno do Sol.

Newton estudou também o comportamento da luz solar, bem como a sua decomposição através de prismas, resultando nas sete cores do arco-íris.

Inventou ainda o primeiro telescópio refletor, chamado telescópio newtoniano. Esse instrumento possui como objetiva um espelho côncavo, um espelho secundário plano e também uma lente, a ocular.

Uma variante desse sistema é o telescópio Cassegrain, com um furo no centro do espelho e um espelho secundário convexo que envia os raios de luz para a ocular.

A partir da invenção dos telescópios, muito se descobriu no céu. Em 1781, o astrônomo amador inglês William Herschel descobriu o planeta Urano. Em 1846, Netuno foi descoberto, a partir de cálculos de Adams e Leverrier, e observado por Galle na posição calculada. Em 1930, Clyde Tombaugh descobriu Plutão.

Evolução dos instrumentos

O conhecimento astronômico evoluiu bastante com o desenvolvimento dos instrumentos e o avanço tecnológico. Surgiram telescópios e instrumentos auxiliares cada vez mais potentes, que ampliaram nossa capacidade de observação do universo. Atualmente existem observatórios cujos telescópios funcionam com um espelho único ou com um mosaico de espelhos.

Na tabela abaixo, veja alguns dos maiores telescópios do mundo.

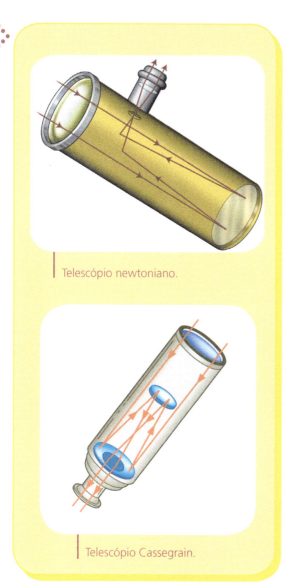

Telescópio newtoniano.

Telescópio Cassegrain.

Telescópio / Local de instalação	Diâmetro do espelho ou conjunto de espelhos
Very Large Telescope (VLT) Chile	4 telescópios de 8 m equivalentes a um espelho de 16 m
Large Binocular Telescope (LBT) Arizona - EUA	2 telescópios de 8,4 m equivalentes a um espelho de 11,8 m
Southern African Large Telescope (SALT) África do Sul	Múltiplos equivalentes a um espelho de 11 m
Telescópio Gigante das Ilhas Canárias (GTC) Ilhas Canárias	Múltiplos equivalentes a um espelho de 10,4 m
Keck Havaí - EUA	Múltiplos equivalentes a um espelho de 10 m

Há telescópios operados conjuntamente se apontados para um mesmo objeto celeste, como o Very Large Telescope (VLT), localizado no Chile e operado pelo European Southern Observatory (ESO).

Você sabia?

Telescópio brasileiro
O maior telescópio em solo brasileiro está no Laboratório Nacional de Astrofísica, no sul de Minas Gerais, e tem um espelho de 1,60 m de diâmetro.
O Brasil participou dos recursos da construção do Gemini Sul, cujo espelho tem 8 m de diâmetro, e também do Soar. Por isso, tem direito a parte do tempo de operação de cada um deles, ambos no Chile.
Desenvolveu-se também a radioastronomia, que, com antenas, observa as ondas de rádio que vêm dos astros. O maior radiotelescópio existente no Brasil tem 13,7 m de diâmetro e está localizado em Atibaia, SP.

LABORATÓRIO NACIONAL DE ASTROFÍSICA – LNA
Observatório do Pico dos Dias
Rua Estados Unidos, 154 - Bairro das Nações
Itajubá / MG
Fone: (35) 3629-8100 - Fax: (35) 3623-1544
http://www.lna.br/

Nos EUA, está em funcionamento o **TELESCÓPIO KECK**, no Havaí, com dois telescópios. Cada um é um múltiplo de 36 espelhos, equivalentes a um único espelho de 10 m de diâmetro.

A astronáutica permitiu colocar em órbita muitos satélites e sondas que visitam vários planetas. Talvez as de maior sucesso tenham sido as Voyager 1 e 2, que passaram por Júpiter, Saturno, Urano e Netuno. Com isso, muito se aprendeu sobre esses gigantes e seus satélites.

Também existe grande interesse em lançar telescópios espaciais. O primeiro deles, o **HUBBLE**, foi colocado em órbita pelo ônibus espacial Discovery, em 1990.

NOVO TELESCÓPIO ESPACIAL EM 2013

James Webb é o nome do telescópio espacial, a ser lançado em 2013, que substituirá o Hubble. Após 17 anos tirando fotos dos cantos mais obscuros e jamais vistos do universo, o Hubble, primeiro telescópio espacial lançado pela Nasa, pode estar com os dias contados. Ele deve ser substituído pelo telescópio James Webb, que tem lançamento previsto para 2013.

Adaptado de http://www.ibm.com/br/ibm/ideasfromibm/nasa/032607/index1.phtml. Acesso em 19/10/11.

Ao lado, o lançamento do ônibus espacial Discovery. Cabo Canaveral, Flórida, Estados Unidos. Acima, o telescópio Keck.

TELESCÓPIO KECK
O Observatório W. M. Keck é operado pelo Instituto de Tecnologia da Califórnia (Caltech) e pela Nasa e encontra-se localizado em Mauna Kea, no Havaí. O observatório é constituído por dois telescópios gêmeos de 10 metros, o Keck I e o Keck II.

Fonte: Observatório Keck.
http://keckobservatory.org. Acesso em 17/08/11.

HUBBLE
Página do telescópio Hubble na Nasa
http://hubble.nasa.gov/. Acesso em 24/02/11.

Os radiotelescópios captam as ondas de rádio que vêm dos astros.

Muitos astronautas, homens e mulheres, já viajaram em missões no espaço, girando ao redor da Terra. Já se planejam missões tripuladas para o planeta Marte, mas ainda estão em desenvolvimento os equipamentos e técnicas para tal façanha. O futuro trará muitas surpresas na exploração espacial, pois cada vez mais o ser humano tem se superado na permanência no espaço, o que nossos antepassados nem imaginavam.

CARACTERÍSTICAS DOS INSTRUMENTOS ASTRONÔMICOS

As principais partes de um instrumento astronômico são a objetiva e a ocular. No caso dos telescópios refratores ou lunetas, a objetiva é uma lente biconvexa. Já no caso dos refletores, a objetiva é um espelho.

Conforme o diâmetro da objetiva, maior a capacidade de captação de luz com o instrumento.

Além disso, também é importante levar em conta a distância focal da objetiva, ou seja, a distância entre a objetiva e a imagem formada do objeto.

Para saber o aumento que um instrumento fornece, ou seja, o número de vezes que um objeto é ampliado, deve-se dividir a distância focal da objetiva pela distância focal da ocular:

$A = F/f$

Outra característica importante dos instrumentos é o poder separador, que é o limite da capacidade de distinguir dois pontos luminosos. Pode ser obtido por:

PS = 120/D, onde D é o diâmetro da objetiva em milímetros, e o resultado é dado em segundos de arco.

Além disso, quanto maior o diâmetro do instrumento, maior a capacidade de observar objetos de brilho muito tênue. Trata-se da magnitude limite. Muitas montagens podem ser feitas para dar sustentação e movimentação aos telescópios. Basicamente, existem dois tipos:

a) **Azimutal:** o telescópio tem movimentos verticais e horizontais.
b) **Equatorial:** o telescópio se move em torno de um eixo apontado para o polo celeste do local e em torno de um eixo perpendicular a este.

BEM-VINDO AO SISTEMA SOLAR

4

Raio X da imagem do Sol.

O SISTEMA SOLAR É O CONJUNTO FORMADO POR UMA ESTRELA, O SOL, AO REDOR DA QUAL GIRAM 8 PLANETAS CONHECIDOS E SEUS SATÉLITES, ALÉM DE ASTEROIDES, COMETAS E METEOROIDES. OS OITO PLANETAS SÃO MERCÚRIO, VÊNUS, TERRA, MARTE, JÚPITER, SATURNO, URANO E NETUNO. PLUTÃO, ATÉ O ANO 2006, ERA CONSIDERADO PLANETA, MAS UMA DECISÃO DA COMUNIDADE CIENTÍFICA ESTABELECEU QUE SE TRATA DE UM PLANETA-ANÃO.

Seguindo um determinado trajeto (*órbita*) ao redor do Sol, os planetas encontram-se a diferentes distâncias da estrela. Isso faz com que tenham diferentes velocidades e, consequentemente, diferentes períodos de translação ao redor do Sol.

Assim, quanto mais próximo do Sol está um planeta, mais rápido este se movimenta ao redor daquele e menor é o seu período de translação. Quanto mais afastado, mais lentamente se move e maior é seu período de translação.

Modelo atual do sistema solar (imagem fora de escala).

PLANETA	MERCÚRIO	VÊNUS	TERRA	MARTE	JÚPITER	SATURNO	URANO	NETUNO
Distância ao Sol (UA*)	0,39	0,72	1	1,52	5,20	9,54	19,18	30,06
Período de translação	88 d	224,7 d	365,26 d	687 d	11,9 a	29,46 a	84,01 a	164,80 a
Período de rotação	58,5 d	–243 d	1 d	1,03 d	9 h, 50 min, 30 s	10 h 14 min	–15 h 17 min	16 h

*UA significa "unidade astronômica", equivalente à distância média da Terra ao Sol (aproximadamente 150 milhões de quilômetros). Os períodos de rotação são dados em: d – dias; a – anos; min – minutos; h – horas; s – segundos. A tabela demonstra o modelo atual do sistema solar.

Observe a tabela acima. Veja que Mercúrio, o planeta mais próximo do Sol, completa uma volta em torno dele a cada 88 dias. A Terra, um pouco mais afastada, completa uma volta a cada 365 dias (ou a cada ano). Saturno, mais longe ainda, completa uma volta a cada trinta anos terrestres. E Netuno, o planeta mais afastado do Sol, demora aproximadamente 165 anos para fazer uma translação.

Sol

O *Sol* tem um volume aproximadamente 1.300.000 vezes maior que a Terra e encontra-se a uma distância de aproximadamente 150 milhões de quilômetros de nosso planeta. Essa distância do Sol à Terra, chamada de *unidade astronômica*, é muito usada nos estudos astronômicos do sistema solar.

A temperatura da superfície solar é da ordem de 5.500 °C, enquanto a de seu núcleo deve chegar a 20 milhões de graus Celsius. Na região visível do Sol, a *fotosfera*, podemos observar certas regiões mais escuras, as *manchas solares*. Nessas manchas as temperaturas são de 2.000 °C.

As manchas solares aumentam e diminuem de número, periodicamente, atingindo um valor máximo a cada 11 anos. Essas manchas podem ser observadas através de telescópios, projetando-se a imagem do Sol num anteparo branco ou protegendo-se os olhos com filtros especiais. Se isso não for feito, pode ocorrer cegueira.

Outro fenômeno muito interessante observado no Sol são as *protuberâncias*, grandes massas de gases incandescentes que se elevam a centenas de milhares de quilômetros de altura. As protuberâncias são observadas durante os

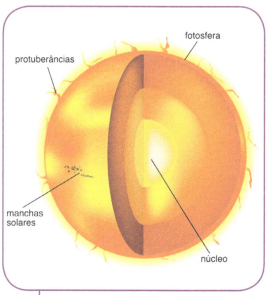

Estrutura do Sol.

SOL
Do que é feito o Sol?
O Sol é uma grande bola de gases incandescentes. Sua massa é 330 vezes maior que a da Terra, sendo que toda a sua energia vem da transformação de hidrogênio em hélio, em um processo de fusão nuclear conhecido como reação termonuclear.

Adaptado de http://www.cdcc.usp.br/cda/aprendendo-basico/sistema-solar/sol.html. Acesso em 19/10/11.

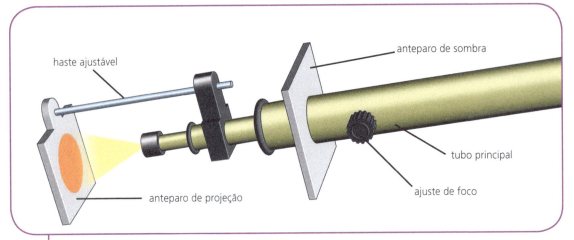

Para se observar o Sol, deve-se projetar a sua imagem num anteparo branco.

eclipses totais do Sol ou pela simulação desses eclipses, feita com o auxílio de um aparelho chamado *coronógrafo*. Esse aparelho é utilizado junto com o telescópio e permite observar também a coroa solar e seu formato (a coroa solar é a parte externa do Sol, onde a temperatura é da ordem de 1 milhão de graus Celsius).

O Sol emite ainda o chamado *vento solar*, resultado da ejeção permanente de um fluxo de partículas eletricamente carregadas, quase sempre prótons e elétrons.

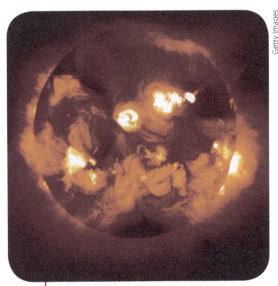

Protuberâncias solares: grandes massas de gases incandescentes.

ORIGEM DO SISTEMA SOLAR

Muitas teorias procuram explicar o surgimento do sistema solar. A mais aceita diz que tudo começou há cerca de 5 bilhões de anos, quando, no centro de uma nuvem de gás e poeira, surgiu uma estrela ou protossol.

Ao redor dessa estrela formou-se uma nuvem de poeira que deu origem a um delgado disco de matéria em constante fragmentação. A atração gravitacional e as colisões entre as partículas desse disco levaram à formação do Sol e dos outros corpos celestes que hoje formam o sistema solar: planetas, satélites, asteroides, cometas e meteoroides.

Dois fatos reforçam essa teoria. O primeiro é que os planetas circulam ao redor do Sol quase num mesmo plano. O segundo fato é que praticamente todos os planetas e a maioria dos satélites giram no mesmo sentido do Sol.

Modelo para os estágios de formação de uma estrela e seus planetas.

Mercúrio

MERCÚRIO é o menor planeta do sistema solar. É também o mais próximo do Sol, completando uma volta em torno deste em apenas 88 dias. Dois terços desse período de translação, ou seja, 58,5 dias, são gastos pelo planeta para completar o movimento de rotação ao redor de seu próprio eixo.

O lado de Mercúrio iluminado pelo Sol tem uma temperatura próxima dos 450 °C, enquanto, no mesmo instante, o lado escuro encontra-se a aproximadamente –180 °C.

Mercúrio tem a superfície cheia de crateras, o que torna a paisagem mercuriana muito parecida com a da Lua. O fato foi revelado pelas fotografias tiradas pela sonda Mariner 10, em 1974.

Mercúrio é o planeta mais próximo do Sol.

Isso acontece porque Mercúrio praticamente não possui atmosfera, ficando assim totalmente exposto aos impactos dos meteoritos vindos do espaço.

Vênus

Segundo planeta em ordem de distância do Sol, Vênus possui um brilho intenso e pode ser visto da Terra a olho nu, durante as alvoradas e os crepúsculos. Por causa desse brilho foi confundido por muito tempo com uma estrela, razão dos nomes *estrela-d'alva*, *estrela vespertina* ou *estrela do pastor* dados ao planeta.

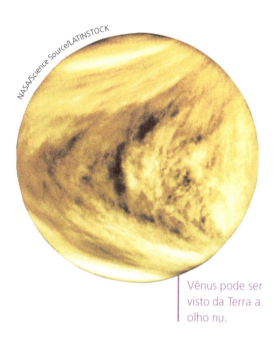

Vênus pode ser visto da Terra a olho nu.

Vênus (cerca de 12.100 km de diâmetro) tem diâmetro quase igual ao do nosso planeta, que possui aproximadamente 12.700 km de diâmetro. Seu relevo é montanhoso e inclui os montes Maxwell, com 10.800 m, muito mais altos do que o nosso Everest, o pico mais alto do mundo, com 8.848 m. O planeta tem movimento de rotação contrário ao dos outros, ou seja, considerando o polo Norte terrestre, a maioria dos planetas do sistema solar gira em sentido anti-horário, enquanto Vênus gira em sentido horário (veja também Urano).

MERCÚRIO – NÚCLEO DE METAL

Em 1973, a sonda Mariner chegou a 705 km de distância de Mercúrio e constatou que o planeta possui um campo magnético 1% mais forte que o da Terra, o que também comprova que seu núcleo é formado por metal parcialmente fundido.

Fonte: http://www.infoescola.com/sistema-solar/mercurio/. Acesso em 24/02/11.

Devido à densa camada de nuvens que envolve o planeta, nunca se pôde observar a superfície de Vênus com telescópios. Os astrônomos mapearam o planeta usando radar ou outros métodos mais complexos. Imagens fornecidas pelas sondas Venera em diversas ocasiões mostraram o aspecto rochoso do solo e o céu do planeta, semelhante ao de um dia terrestre muito nublado, quando quase não se vê o Sol.

As sondas e outros instrumentos forneceram muitos outros dados sobre a atmosfera venusiana. Sabe-se, por exemplo, que a pressão atmosférica em Vênus é noventa vezes maior que a terrestre. De acordo com deduções feitas há muito tempo e confirmadas pelas sondas Venera, em 1982, a temperatura da superfície venusiana é da ordem de 470 °C.

Por que, estando mais distante do Sol do que Mercúrio, **VÊNUS** tem uma temperatura média mais alta do que a mercuriana? A resposta está na atmosfera de Vênus, que contém aproximadamente cem vezes mais gás carbônico (CO_2) do que a da Terra. Esse gás forma uma espécie de "tampa" que retém a energia calorífica próximo da superfície do planeta e provoca o chamado efeito estufa.

Além de CO_2, a atmosfera venusiana contém ácido sulfúrico, outro composto também existente em nossa atmosfera, só que lá as quantidades são muito maiores. Em Vênus, esse ácido concentra-se em nuvens espessas, situadas a aproximadamente 60 km de altura da superfície do planeta. Outro componente da atmosfera venusiana igualmente presente no ar da Terra é o vapor de água, que em Vênus nunca chega ao estado líquido devido às altas temperaturas.

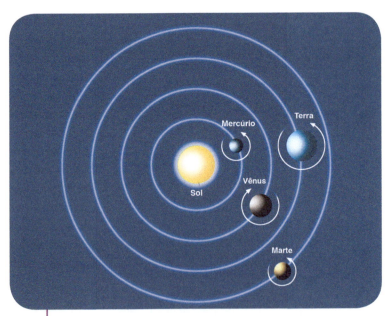

Sentido de rotação de Vênus (imagem fora de escala).

Vênus e Mercúrio, por serem planetas interiores, isto é, por estarem entre o Sol e a Terra, apresentam fases parecidas com as da Lua, quando observados ao telescópio. Como as órbitas de Mercúrio e Vênus estão no interior da órbita terrestre, olhando da Terra esses planetas parecem estar dentro de um ângulo fixo a partir do Sol.

Esse ângulo é determinado pelo tamanho da órbita observada da Terra. A distância angular máxima entre um planeta interior e o Sol chama-se elongação máxima (leste ou oeste).

As posições da figura seguinte mostram, num desenho simplificado, que as elongações máximas de Mercúrio e Vênus são, respectivamente, 28° e 47°. Assim, quando estão a oeste do Sol, nascem antes que nossa estrela e parecem "estrelas matutinas" no horizonte leste. Quando estão a leste do Sol, nascem depois dele e aparecem no horizonte oeste, como "estrelas vespertinas". Mercúrio, muito próximo ao Sol, é

SONDA VÊNUS EXPRESS
Vídeos e imagens sobre Vênus na Agência Espacial Europeia (ESA)
http://esa.int/esa-mmg.pl?mission=Venus+Express&type=I. Acesso em 18/10/11.

OS SEGREDOS DO SISTEMA SOLAR
Paulo Sergio Bretones

SUPLEMENTO DE ATIVIDADES

Nome: _____

Escola: _____ Ano: _____

PARTE I

Complete os espaços com o termo adequado.

1. _____ é o nome do estilo de vida no qual o homem perambula com seu grupo em busca de comida.

2. O conhecimento astronômico dos antigos é comprovado pela existência de monumentos chamados _____ .

3. Em 1400 a.C. os chineses, através de um calendário, determinavam que o ano solar tinha duração de _____ dias e as fases da Lua, de _____ dias.

4. _____ é uma das divindades máximas do hinduísmo.

5. Os _____ deixaram ruínas de possíveis observatórios do céu; para observar os movimentos dos astros, eles construíram o _____ .

6. A _____ , construída pelos astecas, representa um imenso _____ .

7. As _____ foram deixadas por um povo que viveu nos Andes: _____ .

8. _____ , no século VI a.C., propôs a ideia de que a Terra era esférica e de que o universo era formado por corpos que se movimentavam segundo leis naturais harmoniosas.

9. A _____ representou um dos pontos mais altos do conhecimento dos gregos antigos, particularmente dos conhecimentos _____ .

10. Os nomes das conhecidas Três Marias foram dados pelos árabes; são eles: _____ _____ .

11. _____ publicou o livro *De revolutionibus orbium coelestium*, no qual defendia sua teoria.

12. Os observatórios de Tycho Brahe, construídos na ilha de Hven (Dinamarca), chamavam-se _____ .

13. _____ foi colaborador de Tycho Brahe, ajudando-o a realizar estudos matemáticos sobre os movimentos planetários. Esses estudos resultaram na publicação da _____ .

14. O inventor da primeira luneta foi _____ ; Galileu usou os seus princípios para construir o primeiro _____ .

15. _____ , em sua obra *Princípios matemáticos de filosofia natural*, expôs a teoria sobre a gravitação universal.

16. _____ são satélites-sondas que já passaram por Júpiter, Saturno, Urano e Netuno, trazendo-nos muitas informações sobre eles.

17. Em 1990 o ônibus espacial Discovery colocou em órbita o primeiro telescópio espacial: _____ .

18. Os oito planetas do sistema solar são: _____ _____ .

19. A temperatura da superfície solar é de _____ , enquanto a de seu núcleo deve chegar a _____ .

20. O _____ nos auxilia na observação da coroa solar e seu formato.

21. A teoria sobre a origem do sistema solar fala do surgimento do protossol no centro de uma nuvem de gás e poeira: _____ .

22. _____ é um planeta-anão, cuja órbita não fica no mesmo plano que o Sol, apresentando uma inclinação da ordem de 17°.

23. Antigamente Vênus era confundido com uma estrela, tendo por isso sido chamado de

_____ .

24. Os montes mais altos de Vênus, maiores até que o Everest (8.848 m), são os _____ .

25. A composição da atmosfera terrestre é: 78% de _____ , _____ de oxigênio e outros gases (gás carbônico, hidrogênio, hélio, etc.), vapor de água e partículas.

26. O dióxido de enxofre, o fluoreto de hidrogênio, o cloreto de hidrogênio e os óxidos de nitrogênio lançados na atmosfera causam a _____ .

27. A distância da Terra à Lua é de _____ .

28. Os dois satélites de Marte são _____ , e suas calotas polares são formadas por gás carbônico congelado, o chamado _____ .

29. O cinturão de asteroides aparece girando ao redor do Sol entre Marte e Júpiter. Com 1 km de diâmetro, aparece no cinturão o planeta-anão chamado _____ .

30. _____ é a maior lua de Saturno e o único satélite do sistema solar que possui considerável atmosfera.

31. Urano também tem anéis ao seu redor (só que mais delgados) e possui _____ satélites conhecidos até 2011.

32. Os maiores satélites de Netuno, que também é um planeta quase totalmente gasoso, são

_____ .

33. Os cometas também possuem órbitas: o mais famoso deles é o _____ .

34. As chuvas de meteoros são observadas em certas épocas do ano, numa região do céu chamada

_____ .

PARTE II

Responda.

1. Quando ocorrem os eclipses solares ou lunares?

_____

_____

2. Por que a vida sedentária auxiliou o homem a procurar desvendar os segredos do céu?

3. Como os babilônios conheciam a duração de 30 dias do mês?

4. Qual foi a importância dos estudos de Copérnico?

5. Qual foi a importância dos estudos feitos por Tycho Brahe nos seus "castelos"?

6. O que dizem as duas leis gerais de Kepler sobre o movimento dos planetas?

7. Cite algumas das descobertas de Galileu feitas com o auxílio do telescópio.

8. Por que Galileu foi submetido à Inquisição?

9. Descreva o telescópio newtoniano.

10. O que é radioastronomia?

11. O que é o período de translação?

12. Por que devemos proteger os olhos com filtros especiais para observarmos as manchas solares ao telescópio?

13. O que são protuberâncias solares?

14. Do que resulta o vento solar?

15. O que é o movimento de rotação?

16. Por que a superfície de Mercúrio é parecida com a da Lua?

17. Por que não se consegue observar a superfície de Vênus com telescópio?

18. Como funciona o efeito estufa em Vênus?

19. Por que a temperatura média da Terra (20 °C) é ideal para a existência de vida? Como ela se mantém constante?

_____

_____

_____

20. Por que a quantidade de gás carbônico na atmosfera está aumentando?

_____

_____

21. Cite algumas medidas para preservação do meio ambiente.

_____

_____

_____

_____

22. Por que Marte é considerado o planeta vermelho?

_____

_____

23. Por que Júpiter é chamado o Gigante dos Mundos? Do que ele é formado?

_____

_____

_____

24. Do que são formados os anéis de Saturno?

_____

_____

25. A órbita de Plutão é excêntrica. O que isso causa?

_____

_____

26. Como pode se apresentar um cometa?

_____

_____

_____

27. Como se formam os meteoroides?

_____

_____

_____

PARTE III

Relacione as colunas.

1. Principais megálitos do mundo e locais onde se encontram:

(a) círculo de pedras de Stonehenge ( ) Alemanha

(b) pedras de Sternstein ( ) França

(c) pedras de Carnac ( ) Inglaterra

2. Participantes da Escola de Alexandria e suas ideias:

(a) Aristarco ( ) Escreveu o livro *Almagesto*.

(b) Eratóstenes ( ) Inventou o astrolábio.

(c) Hiparco ( ) Calculou as distâncias entre a Terra e o Sol e a Terra e a Lua.

(d) Cláudio Ptolomeu ( ) Calculou o tamanho da Terra.

3. Planetas e seus descobridores:

(a) Urano ( ) Galle

(b) Netuno ( ) William Herschel

4. Planetas e seus períodos de translação:

(a) Terra ( ) 88 dias

(b) Mercúrio ( ) 365 dias

(c) Saturno ( ) 30 anos

5. Planetas e seus períodos de rotação:

(a) Netuno ( ) 1,03 dia

(b) Marte ( ) 1,0 dia

(c) Terra ( ) 9h50min30seg

(d) Júpiter ( ) 16 h

6. Camadas da atmosfera e suas características:

(a) troposfera   (   ) É a "estrada" dos pilotos de avião.

(b) estratosfera   (   ) Confunde-se com o espaço sideral.

(c) mesosfera   (   ) É onde se desintegram os meteoroides.

(d) ionosfera   (   ) Nela encontra-se a camada de ozônio.

(e) exosfera   (   ) É a camada mais próxima da superfície.

PARTE IV

1. Sabendo que o período de translação de Mercúrio é de 88 dias, quantos dias teriam os meses do ano nesse planeta, considerando o número de meses na Terra?

_____

_____

2. Supondo que fosse possível chegar e permanecer em um ponto de Netuno, quanto tempo uma pessoa deveria ficar ali para passar o período das quatro estações do ano? Por quê?

_____

_____

3. Qual a distância, em km, de Urano ao Sol, sabendo que ela equivale 19,18 UA (Unidade Astronômica)?

_____

difícil de observar. Tanto Mercúrio como Vênus têm fases semelhantes às da Lua, mas são visíveis apenas com o auxílio de instrumentos. Quando se encontra quase na mesma direção do Sol (posição A), Vênus se apresenta como arco para um observador terrestre máximo, uma metade do planeta está iluminada e a outra escura (posição B). No ponto mais afastado da Terra o planeta está praticamente cheio e apresenta forma "gibosa" (saliência convexa; posição C).

Outro aspecto dos dois planetas que pode ser observado com instrumentos astronômicos é a diferença de tamanho aparente que eles apresentam, como podemos observar no caso de Vênus nas posições A, B e C.

No caso de Vênus, a distância até nós é de aproximadamente 50 milhões de quilômetros na posição A e de aproximadamente 250 milhões de quilômetros na posição C. Isso significa que, quando está mais próximo, o planeta parece cinco vezes maior do que quando está mais distante.

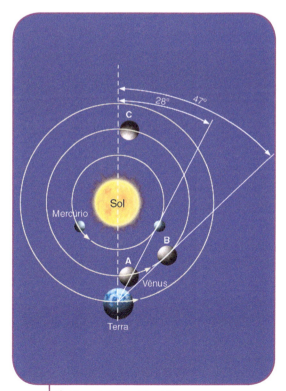

Órbitas de Mercúrio, Vênus e Terra e as fases de Vênus (imagem fora de escala).

Terra

O planeta seguinte a Vênus é a Terra, único até hoje onde se constatou a existência de vida. A temperatura terrestre média é de mais ou menos 20 °C. Esse fator favorece a existência de uma grande quantidade de água no estado líquido, o que é fundamental para a existência da vida como a conhecemos. Cerca de 70% da superfície terrestre é coberta por água, índice semelhante aos 75% de água existentes em nosso corpo.

Terra. A América do Sul se encontra à direita da foto.

A atmosfera terrestre é quase totalmente gasosa, contendo aproximadamente 78% de nitrogênio, 21% de oxigênio e quantidades menores de gás carbônico, hidrogênio, hélio e outros gases, além de vapor de água e partículas.

A atmosfera age como um manto protetor para nós, seres vivos, filtrando os raios ultravioleta do Sol e outras radiações cósmicas que nos seriam prejudiciais. Por isso mesmo é impossível observar essas radiações da Terra, mesmo com instrumentos.

A existência de CO_2 e vapor de água em nossa atmosfera garante que a temperatura do planeta se mantenha razoavelmente constante, independentemente das estações do ano e de ser dia ou noite. Se não houvesse esses gases em nossa atmosfera, a temperatura da Terra seria semelhante à da Lua, que oscila entre +120 °C durante o dia e –150 °C à noite.

Camadas da atmosfera

Pode-se dividir a atmosfera em várias camadas, cada uma com características próprias. A camada atmosférica mais próxima da superfície da Terra, onde vivemos, é a *troposfera*, que vai até 12 km de altura. Nela se concentra o oxigênio que respiramos e ocorrem as chuvas, ventos e nuvens.

À troposfera segue-se a *estratosfera*, que está entre 12 km e 30 km de altitude. Nela há pouco oxigênio e quase não ocorrem ventos, razão pela qual é a "estrada" preferida dos pilotos de avião.

A *mesosfera* estende-se de 30 km a 80 km acima da superfície terrestre. É na mesosfera que se encontra a tão falada *camada de ozônio*. Essa substância funciona como um escudo protetor, que impede boa parte dos raios ultravioleta vindos do Sol de atingir a Terra.

A camada que se segue à mesosfera é a *ionosfera*, que se inicia nos 80 km e se estende até algumas centenas de quilômetros de altitude e onde ocorre o reflexo das ondas de rádio usadas para transmissões entre áreas muito distantes da Terra. É também nessa camada que os meteoroides vindos do espaço são desintegrados em partículas inofensivas, antes de penetrarem nas camadas mais baixas da atmosfera.

A última camada da atmosfera é a *exosfera*, onde o ar é muito rarefeito. A exosfera confunde-se com o espaço sideral.

Vênus é a Terra amanhã?

Observando fotografias da Terra tiradas do espaço, podemos perceber muito facilmente o que nosso planeta realmente é: um mundinho limitado e frágil. Se suas delicadas condições ambientais, que permitiram o desenvolvimento da vida, forem alteradas significativamente, poderemos nos transformar em outro planeta Vênus, completando a galeria de planetas mortos do sistema solar.

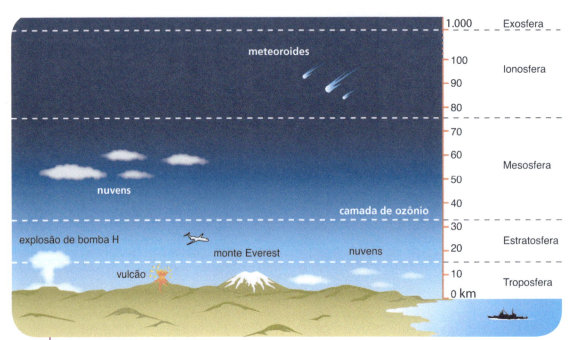

A atmosfera terrestre.

Já vimos que um teor moderado de CO_2 é vital para a conservação da temperatura do planeta em níveis adequados aos seres vivos. Mas quantidades muito altas desse mesmo gás e de outros gases-estufa provocam o que chamamos de efeito estufa.

A expressão *efeito estufa* nasceu da semelhança entre o aquecimento propiciado por certos gases presentes na atmosfera e aquele que ocorre nas estufas onde se cultivam plantas, cuja cobertura de vidro deixa entrar e sair a luz solar, mas impede a saída do calor ali formado.

As queimadas, o uso abusivo de combustíveis fósseis, como gasolina e óleo diesel, estão lentamente aumentando a quantidade de CO_2 em nossa atmosfera. Segundo alguns cientistas, isso deve causar o aumento em alguns graus da temperatura média do planeta. Em consequência, pode haver um maior derretimento das geleiras polares, elevando o nível dos oceanos, o que causará inundações de várias cidades e até de países inteiros.

Acredita-se que os óxidos de nitrogênio emitidos pelos motores de veículos em geral (como automóveis, caminhões e aviões), o uso de fertilizantes na agricultura e de freon (CFC) em aerossóis, em sistemas de refrigeração e limpeza de produtos eletrônicos estão destruindo a camada de ozônio.

Caso essa destruição não seja detida, vamos receber um volume cada vez maior de radiações ultravioleta. Isso vai intensificar o efeito estufa e será prejudicial a todos os seres vivos. Para os seres humanos, o excesso de raios ultravioleta favorece o aparecimento de câncer de pele.

Outros tipos de substância, lançados no ar por muitas de nossas indústrias, em quantidades cada vez maiores, estão provocando a denominada "chuva ácida". Entre essas substâncias encontram-se o dióxido de enxofre (SO_2), o fluoreto de hidrogênio (HF), o cloreto de hidrogênio (HCl) e os óxidos de nitrogênio (NO e NO_2), que formam ácidos quando se combinam com a água contida no ar.

São esses ácidos que dão nome à chuva. As águas dessas chuvas podem corroer diversos tipos de material, principalmente os metálicos, envenenar os rios, matar os peixes e inutilizar os nutrientes do solo.

Vênus: o calor intenso, de 470 °C, não permite a existência de vida nesse planeta.

Podemos ajudar o planeta

Precisamos tomar, urgentemente, certas medidas de preservação do ambiente de nosso pequeno planeta. Para isso, não é necessário parar o desenvolvimento científico e tecnológico humano e voltar à dura vida dos tempos antigos. Basta usar nossos novos conhecimentos para produzir sem poluir e ter conforto sem destruir.

Por exemplo: tratar os esgotos antes de lançá-los na água; instalar filtros nas chaminés das fábricas e nos canos de escape dos veículos para evitar que substâncias poluentes sejam lançadas no ar; utilizar de maneira mais cuidadosa pesticidas e herbicidas na agricultura, evitando assim a contaminação do solo e da água; reciclar tudo o que for possível; proibir desmatamentos e criar muitas reservas florestais; proibir caça e pesca descontroladas, que possam extinguir espécies.

É claro que essas medidas são trabalhosas e muitas custam caro para serem implantadas, o que possivelmente diminuirá um pouquinho os lucros das indústrias. Mas isso não é nada diante da possibilidade de extinção não só de nossa espécie, mas também de todas as outras.

Você sabia?

A Lua está perto de nós

Girando ao redor da Terra a cerca de 384 mil quilômetros de distância, a Lua é o corpo celeste mais próximo de nós. Durante sua revolução ao redor da Terra, ela apresenta quatro fases principais que se repetem a intervalos regulares: Lua nova, quarto crescente, Lua cheia e quarto minguante. Enquanto realiza seu movimento de translação ao redor do Sol, a Terra arrasta consigo a Lua. Por isso o conjunto de fases lunares, ou mês sinódico, é de 29,5 dias, um pouco maior do que o período de revolução ao redor da Terra, ou mês sideral, que dura 27,3 dias.

Como a Lua completa uma rotação em torno de si mesma ao mesmo tempo em que completa uma revolução em volta da Terra, de nosso planeta vemos sempre a mesma face lunar.

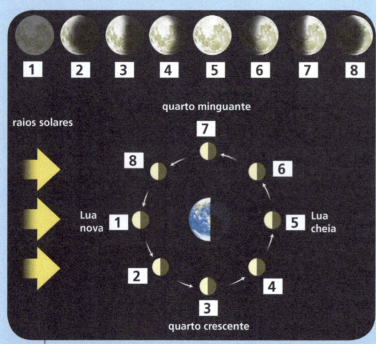

Movimento da Lua ao redor da Terra, como visto por um observador situado no Hemisfério Sul do nosso planeta.

Face visível da Lua.

Face oculta da Lua.

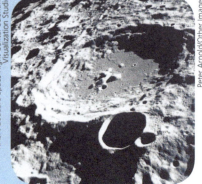

Cratera lunar.

A Lua é um mundo árido, sem atmosfera, com grandes montanhas rochosas, planícies poeirentas e crateras enormes e profundas. Quando uma de suas metades está iluminada pelo Sol, a temperatura lunar pode chegar a 120 °C, enquanto, no mesmo momento, o lado escuro pode ter uma temperatura em torno de −150 °C.

As crateras lunares, que chegam a ter até 250 km de diâmetro, formaram-se quase todas pelo impacto de meteoritos sobre a superfície do satélite. Algumas, porém, parecem ser resultado de atividade vulcânica no passado.

Marte

O quarto planeta do sistema solar tem um diâmetro aproximado de 6.790 km, a metade do diâmetro da Terra. Com uma superfície rica em óxido de ferro (ferrugem), ele tem uma cor avermelhada, que lhe valeu o apelido de *planeta vermelho*. As duas naves Viking, que foram até ele em 1976, obtiveram uma grande quantidade de informações sobre o lugar.

Marte tem algumas semelhanças com a Terra: um dia de 24,5 horas e várias estações num ano. Suas calotas polares são formadas principalmente de dióxido de carbono congelado, o chamado "gelo-seco".

O planeta possui uma atmosfera rarefeita, em que predomina o gás carbônico. Devido a essa composição atmosférica e à presença de uma areia fina em suspensão, o céu de Marte tem um tom rosado. A ocorrência de tempestades de areia no planeta é mais ou menos comum.

O clima marciano tem uma temperatura de verão, que pode chegar a 30 °C, caindo a −120 °C no inverno. Seus dois satélites, *Fobos* e *Deimos*, têm formato irregular e são muito pequenos. Fobos, o maior deles, tem uma órbita tão próxima que atravessa o céu marciano duas vezes por dia.

Marte em foto feita pela missão Viking 2, em 1976.

Marte: sua cor avermelhada distingue-o dos outros planetas.

Resíduos de água congelada em cratera boreal de Marte, em imagem enviada pela sonda Marte Express à ESA (Agência Espacial Europeia).

Ao observar Marte em 1877, o astrônomo italiano Giovanni Schiaparelli (1834-1910) notou uma série de estrias e sulcos em sua superfície, aos quais deu o nome de *canali* ("canais", em italiano). A palavra foi depois usada com o sentido de canais artificiais pelo astrônomo americano Percival Lowell, para quem tais canais teriam sido feitos pelos marcianos com um objetivo bem definido: trazer água das calotas polares do planeta.

A sonda *Mars Pathfinder* chegou à superfície de Marte em 1997, quando o módulo de pouso liberou o minijipe *Sojourner*. O minijipe percorreu a superfície do planeta, teleguiado da Terra, coletando dados.

Júpiter

Júpiter é o maior planeta do sistema solar. Sua massa é duas vezes e meia maior que a massa de todos os outros planetas juntos. Tem um volume 1.300 vezes superior ao da Terra. Por tudo isso, é chamado de *Gigante dos Mundos*.

Girando ao redor do Sol em um período de quase 12 anos, esse gigantesco planeta é praticamente gasoso, apresentando uma série de faixas coloridas em constante mutação. Tais faixas coloridas são camadas gasosas de hidrogênio, amônia e metano. Uma característica constante na atmosfera de Júpiter é uma imensa mancha vermelha, chamada *Olho de Júpiter*, onde caberiam quatro planetas iguais à Terra.

O planeta Júpiter é tão rápido em sua rotação que dá uma volta em si mesmo em cerca de 10 horas. Seus quatro maiores satélites, descobertos por Galileu em 1610, são visíveis facilmente com pequenos telescópios. São eles: *Io*, que tem atividade vulcânica; *Europa*, com uma superfície congelada; *Ganimedes* e *Calisto*, que têm superfícies rochosas, cobertas de gelo e crateras. Ganimedes é o maior satélite do sistema solar, com um diâmetro de 5.280 km.

As sondas Voyager passaram nas proximidades de Júpiter e transmitiram muitas imagens espetaculares. Hoje, pesquisas sobre Júpiter confirmaram a existência de 64 satélites.

Júpiter também é chamado *Gigante dos Mundos*.

A mancha vermelha (ovalada, à esquerda) de Júpiter.

As luas de Júpiter, fotografadas pela nave espacial Galileu, em 1996, são (da esquerda para a direita) Europa, Io, Calisto e Ganimedes.

Saturno

Segundo maior planeta do sistema solar, Saturno é também o mais distante da Terra entre todos os planetas visíveis a olho nu e talvez o mais bonito de todos. Está a aproximadamente 1,5 bilhão de quilômetros do Sol e leva cerca de trinta anos para dar uma volta completa ao seu redor.

Possui centenas de belíssimos anéis constituídos de milhões de partículas rochosas e cristais de várias substâncias, entre elas dióxido de carbono (CO_2), água (H_2O), amônia (NH_3) etc.

A composição de Saturno é mais ou menos a mesma de Júpiter: camadas gasosas de hidrogênio, amônia e metano. O planeta tem 62 satélites confirmados.

TITÃ, o maior de todos, é o único satélite do sistema solar a possuir considerável atmosfera de nitrogênio e hidrocarbonetos.

Os anéis de Saturno.

Saturno, visto pelo telescópio Hubble, em agosto de 1990.

TITÃ

Lua de Saturno tem mais petróleo que a Terra

A Lua Titã de Saturno possui reservas de hidrocarbonetos superiores a todas as de petróleo e gás natural conhecidas na Terra, segundo observações realizadas pela sonda Cassini, informou hoje o Laboratório de Propulsão a Jato (JPL) da Nasa. Segundo cientistas do Laboratório de Físicas Aplicadas da Universidade de Johns Hopkins, dos Estados Unidos, esses hidrocarbonetos caem do céu e formam grandes depósitos em forma de lagos e dunas. De acordo com a Nasa, cada uma das várias dúzias desses corpos "líquidos" contém mais hidrocarbonetos que todas as reservas de gás e petróleo conhecidas na Terra. Além disso, suas dunas contêm um volume de materiais orgânicos centenas de vezes maior que as reservas de carvão do nosso planeta.

Adaptado de: www1.folha.uol.com.br/folha/ciencia/ult306u372474.shtml. Acesso em 19/10/11.

Urano

Montagem de imagens da Voyager 2, mostrando Urano na frente e seus satélites. (do maior para o menor: Ariel, Miranda, Titânia, Oberon e Umbriel).

Netuno é um planeta quase totalmente gasoso.

Urano foi descoberto pelo astrônomo inglês William Herschel (1738-1822). No ano de 1781, Herschel descobriu Urano pesquisando num telescópio, nos jardins de sua residência. O planeta Urano está a cerca de 3 bilhões de quilômetros do Sol, levando aproximadamente 84 anos para completar uma volta em torno dele. Devido à grande distância em que está da Terra e do Sol, somente em certas circunstâncias Urano pode ser visto a olho nu, daqui da Terra.

Como ocorre com Saturno, também possui anéis, porém tão delgados que só foram descobertos em 1977, quando Urano ocultou uma estrela. Em 1986, a sonda Voyager 2 enviou mais dados sobre os anéis de Urano. Pesquisas confirmam a existência, hoje, de 27 satélites ao redor desse grande planeta. A exemplo de Vênus, Urano também gira em sentido contrário ao dos outros planetas.

Netuno

Após a descoberta de Urano, os astrônomos perceberam que algo parecia perturbar seu movimento, pois o planeta não seguia a órbita prevista pelos cálculos. Pensou-se na possibilidade de tal perturbação ser causada pela atração de um outro planeta, ainda desconhecido.

Cálculos feitos a partir dessa ideia pelo astrônomo do Observatório de Paris, Urbain Jean Joseph Leverrier, possibilitaram a descoberta de Netuno pelo estudioso alemão Johann Galle, em 1846.

Como Júpiter, Saturno e Urano, Netuno é um planeta gigante, quase totalmente gasoso e tem segmentos de anéis. Netuno está a 4,5 bilhões de quilômetros do Sol e completa uma órbita em torno dessa estrela a cada 165 anos, aproximadamente. Possui oito satélites confirmados pela Voyager, que passou em suas proximidades em 1989. *Tritão* e *Nereida* são os maiores. Hoje, Netuno possui 13 satélites confirmados.

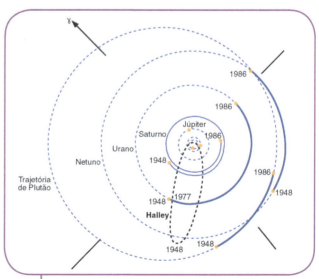

Plano de órbitas dos planetas (imagem fora de escala).

OUTROS CORPOS DO SISTEMA SOLAR

5

O cometa Kohoutek.

COM CERCA DE 2.300 KM DE DIÂMETRO, PLUTÃO É SÓLIDO E POSSUI ATMOSFERA COMPOSTA PRINCIPALMENTE DE AMÔNIA. DISTANTE 6 BILHÕES DE QUILÔMETROS DO SOL, LEVA CERCA DE 250 ANOS PARA DAR UMA VOLTA AO REDOR DO ASTRO. POSSUI UMA ÓRBITA MUITO EXCÊNTRICA, OU SEJA, MUITO ACHATADA. POR ISSO, EM CERTOS MOMENTOS, ELE FICA MAIS PRÓXIMO DO SOL DO QUE NETUNO. ESSA ÓRBITA TEM UM PLANO INCLINADO EM 17° EM RELAÇÃO AO PLANO ORBITAL DA TERRA E DOS PLANETAS DE MODO GERAL.

Planetas-anões

Desde a descoberta de Plutão, em 1930, ocorreram muitos debates sobre sua classificação como planeta. Em agosto de 2006, astrônomos reunidos na Assembleia Geral da União Astronômica Internacional, ocorrida em Praga, República Tcheca, decidiram estabelecer uma nova definição de planeta. Nessa definição, resultado de muitas discussões, Plutão passou a ser classificado como planeta-anão.

Pela nova classificação, um planeta é um corpo celeste que tem uma órbita ao redor de uma estrela (o Sol, no nosso caso), não é satélite de um planeta, e possui massa suficiente para que sua própria gravidade o torne quase esférico. Além disso, deve ter limpado sua órbita de remanescentes do processo de formação. Portanto deve ser dominante em sua região.

Um "planeta-anão" obedece a todos os requisitos citados, mas não tem sua órbita desimpedida, pois existem outros objetos celestes, como asteroides, cometas ou objetos transnetunianos, que cruzam a sua órbita. Além de Plutão, outros "planetas-anões" são Ceres — que gira ao redor do Sol entre as órbitas de Marte e Júpiter — e Makemake, Haumea e Eris, que estão além da órbita de Plutão. Também existem outros candidatos à definição de "planetas-anões".

Plutão e seus satélites, Caronte (em inglês, *Charon*), Nix e Hidra (em inglês, *Hydra*). Em meados de 2011, foi descoberto mais um satélite girando ao redor de Plutão, chamado provisoriamente de P4.

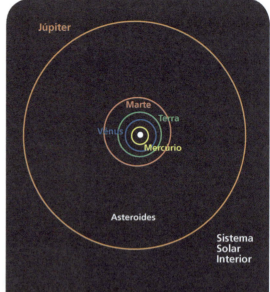

Além do Sol, dos planetas e dos "planetas-anões", todos os outros objetos em órbita ao redor do Sol, com exceção dos satélites, são chamados pequenos corpos do sistema solar. Entre eles estão os asteroides, a maior parte dos objetos transnetunianos, os cometas e todos os outros corpos do sistema solar.

Asteroides

Entre os planetas Marte e Júpiter existe uma faixa de milhares de pequenos corpos que giram ao redor do Sol, formando o chamado *cinturão de asteroides* ou *planetoides*. O maior desses objetos é Ceres, com um diâmetro de aproximadamente 950 km, considerado, atualmente, planeta-anão. Exemplos de grandes asteroides são Pallas, com 530 km de diâmetro médio aproximado, Vesta, com 510 km, e Hygea, com 410 km, todos no cinturão de asteroides.

Conhecem-se milhares de asteroides e frequentemente se descobrem outros, novos. Alguns têm órbitas que saem do cinturão entre Marte e Júpiter, como é o caso de Hermes. Outros, como os troianos, estão na mesma órbita de Júpiter.

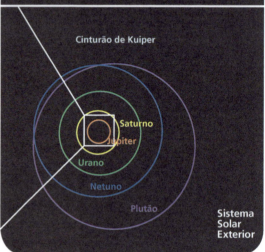

Acima, as órbitas dos planetas do sistema solar até Júpiter, mostrando o cinturão de asteroides entre as órbitas de Marte e Júpiter. Abaixo, o Cinturão de Kuiper, além da órbita de Netuno. A órbita de Plutão parece cruzar o Cinturão de Kuiper, quando visto do topo (imagem fora de escala).

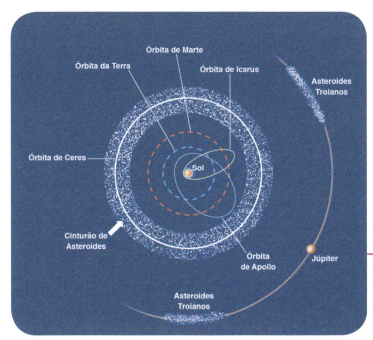

Alguns asteroides têm suas órbitas fora do cinturão, como é o caso das órbitas de Icarus e Apollo (imagem fora de escala).

Objetos transnetunianos

Na chamada região transnetuniana, está o cinturão de Kuiper, situado além da órbita de Netuno, com mais de mil objetos, e onde se localiza a órbita de Plutão. Entre os objetos transnetunianos, encontra-se Eris, descoberto em 2005 e também classificado como "planeta-anão", com cerca de 2.500 km de diâmetro (pouco maior que Plutão) e distante 10 bilhões de quilômetros do Sol.

Os "planetas-anões" Plutão, Makemake, Haumea e Eris, que orbitam ao redor do Sol além da órbita de Netuno, são chamados plutoides.

Cometas

Outros componentes do sistema solar são os cometas. Os cometas periódicos têm órbitas às vezes tão excêntricas que, no ponto mais próximo do Sol, podem estar entre as órbitas de Mercúrio e Vênus e, no ponto mais distante, chegam a ultrapassar em muito a órbita de Plutão.

Mas existem cometas com órbitas abertas (parabólicas ou hiperbólicas) que passam nas proximidades do Sol e aparentemente nunca mais voltam.

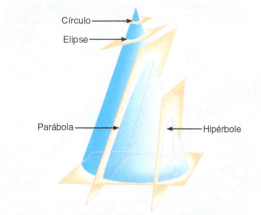

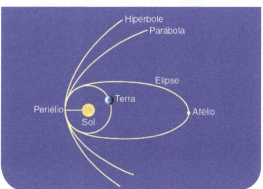

Exemplos de órbitas de cometas (imagem fora da escala).

Quando está muito afastado do Sol, um cometa não passa de uma pedra de rocha e gelo. À medida que se aproxima de nossa estrela, vai se aquecendo até que parte do material congelado se transforma em gasoso e forma uma coma (cabeleira) ao redor do núcleo.

Partes de um cometa.

Quando o cometa chega ainda mais perto do Sol, sua cabeleira aumenta de quantidade e é arrastada pela radiação solar, formando uma ou mais caudas com sentido contrário à posição do Sol.

Vários cometas são bem grandes e podem ser vistos a olho nu. Um desses cometas é o Halley, o mais famoso de todos, que em 1910 tinha uma cauda de 150 milhões de quilômetros!

A maioria dos cometas recebe o nome de seu descobridor. O astrônomo inglês Edmund Halley (1656-1742) aplicou as leis do movimento de Newton para estabelecer corretamente o cálculo de sua órbita e o período de 75/76 anos para sua volta. O cometa foi batizado com seu nome.

Mas os cometas não são tão raros assim. A cada ano, os astrônomos observam cerca de 15 cometas. A maior parte deles possui apenas uma tênue cabeleira, que só pode ser vista com instrumentos astronômicos.

DE ONDE VÊM OS COMETAS?

Existem várias teorias que tentam explicar a origem dos cometas. Segundo uma delas, eles viriam da chamada *Nuvem de Oort*, uma espécie de berçário de cometas, situado a aproximadamente 100.000 UA do Sol, com distribuição esférica. Os cometas dessa nuvem, devido à atração gravitacional exercida sobre eles por estrelas próximas, seriam liberados em direção ao Sol e poderiam passar a girar ao seu redor.

De qualquer forma, os cometas podem ser considerados fósseis do sistema solar e é provável que tragam informações sobre a nebulosa de onde se originou o nosso sistema planetário, há possivelmente 5 bilhões de anos.

Você sabia?

Origem dos cometas revisitada
Análise de partículas recolhidas do Wild 2 ajuda a entender a formação do sistema solar
Uma poeira invisível a olho nu está ajudando a reescrever a história do Sistema Solar. Essas partículas foram recolhidas do cometa Wild 2, visitado pela nave Stardust há quase três anos. As análises envolveram quase 200 cientistas em nove países. Para coletar partículas do Wild 2, cientistas da Nasa, a agência espacial norte-americana, projetaram a trajetória da Stardust de forma que ela atravessasse a nuvem de poeira que envolve o núcleo do cometa em velocidade relativamente baixa (6 km/s), sem riscos para a nave.
Os resultados preliminares mostram que é preciso rever algumas teorias sobre a origem dos cometas. Acreditava-se, por exemplo, que os cometas de período curto, como o Wild 2, eram constituídos de rochas formadas no gélido Cinturão de Kuiper, situado além da órbita de Netuno (o Wild 2 se formou nos confins do sistema solar e depois teve sua trajetória desviada para regiões mais centrais).
No entanto, as análises das amostras trazidas pela Stardust revelaram a presença de um mineral cuja formação só seria possível em altas temperaturas, nas regiões mais próximas do Sol. Esse resultado indica que materiais formados perto do Sol foram transportados até o Cinturão de Kuiper, onde foram incorporados aos cometas que ali se formaram.

Adaptado de *Ciência Hoje On-line* (http://cienciahoje.uol.com.br/noticias/astronomia-e-exploração-espacial/a-origem-dos-cometas-revisitada/?searchterm=wild%202). Acesso em 14/12/08.

Meteoroides, meteoros e meteoritos

Cada vez que um cometa se aproxima do Sol, perde partículas de gás e poeira. Essas partículas são os *meteoroides*, que formam "enxames" e ficam no espaço girando ao redor do Sol. Alguns meteoroides, porém, não possuem origem cometária, podendo ser resultado da fragmentação de corpos, como os asteroides.

Quando a Terra cruza com a órbita desses meteoroides, eles são atraídos pela força gravitacional terrestre. Ao penetrarem em nossa atmosfera, sofrem intenso aquecimento e se queimam totalmente. Essa queima produz rastros luminosos no céu, cientificamente denominados *meteoros*, mas conhecidos popularmente com o nome de estrelas cadentes.

Em certas épocas do ano, é mais frequente a observação de meteoros, que parecem partir em grande quantidade de uma região do céu denominada *radiante*, formando as *chuvas de meteoros*.

Chuva de meteoros ocorrida em dezembro de 1980, na Califórnia (EUA).

Duas chuvas de meteoros estão associadas à trajetória do cometa Halley: a *Eta Aquaridas*, que tem seu máximo todo dia 4 de maio; e a *Orionildas*, com máximo todo dia 21 de outubro.

Os meteoroides maiores, formados de rochas e metais, ao atravessar a atmosfera e chocar-se contra a superfície da Terra, passam a ser denominados *meteoritos*. A maioria dos meteoritos cai no mar. Mas quando caem na Terra podem formar crateras semelhantes às existentes no solo lunar. Há aproximadamente 50 mil anos, um meteorito gigantesco abriu uma cratera de mais ou menos 1 km de diâmetro e 180 m de profundidade na região desértica do Arizona, nos EUA.

Cratera formada por um gigantesco meteorito, no Arizona, EUA.

Vida em outros planetas?

Até agora não foi comprovada a existência de vida de qualquer forma em outro astro. De modo geral, isso se deve ao fato de que, no nosso sistema solar, os planetas mais próximos do Sol que a Terra são muito quentes e os mais afastados, muito frios, o que impossibilita a existência de água líquida, tão importante para a vida como a conhecemos.

Em 1995 confirmou-se a existência de planetas girando ao redor das estrelas 51 de Pégaso. Depois disso, foi confirmada a existência de mais de quinhentos sistemas planetários e outros serão conhecidos com o tempo.

Um candidato seria o exoplaneta, chamado de GL 581c, que orbita a estrela Gliese 581, a cerca de 20 anos-luz da Terra, na constelação de Libra. Uma nave, a uma velocidade máxima de 17 km/s, levaria cerca de 340 mil anos para chegar lá. Devido à sua distância com relação à estrela, o planeta está na chamada zona habitável, o que significa que poderá conter água no estado líquido.

Mas existir planetas é uma coisa, existir vida é outra muito diferente. Entretanto, não dá para afastar a possibilidade. Afinal, são tantas as estrelas do universo que uma ou mais podem ter planetas girando ao seu redor — e até vida é possível existir nesses planetas.

FOLHA DA CIÊNCIA

Nasa lança sonda para pesquisar Júpiter

A Nasa lançou ao espaço, em agosto de 2011, a sonda Juno, incumbida de pesquisar o planeta Júpiter durante um ano. Os estudos de Júpiter, maior planeta do sistema solar, podem ajudar na compreensão das origens e evolução de várias estrelas e do nosso sistema planetário.

A sonda espacial Juno deve levar cerca de cinco anos para chegar a Júpiter, num percurso de 2,8 bilhões de quilômetros. A previsão é de que, em 2016, a Juno complete 33 órbitas ao redor dos polos de Júpiter. Suas tarefas incluem coleta de dados do campo magnético do planeta e pesquisa de sua espessa cobertura de nuvens, na expectativa de novas descobertas sobre suas origens, estrutura e atmosfera, além de procurar por indício da existência de um núcleo sólido.

De acordo com cientistas do Instituto de Pesquisas Southwest, de San Antonio, Texas (Estados Unidos), Júpiter se constitui no planeta mais velho e carrega mais material de que todos os outros planetas, asteroides e cometas juntos. Para eles, o planeta abriga em suas profundezas não só a história do sistema solar, mas de todos nós.

Adaptado de:
<http://oglobo.globo.com/ciencia/mat/2011/08/05/nasa-lanca-sonda-juno-que-vai-estudar-jupiter-maior-planeta-do-sistema-solar-925071220.asp>.
Publicado em 05 ago. 2011. Acesso em 09 set. 2011.

Pesquisadores descobrem sistema planetário semelhante ao nosso

Astrônomos do Observatório do Sul Europeu (ESO, em inglês) descobriram um sistema planetário com, pelo menos, cinco planetas em órbita de uma estrela do tipo solar. Há evidências da existência de mais dois planetas, tornando este sistema semelhante ao nosso sistema solar em termos de número de planetas (sete planetas em vez dos nossos oito).

Segundo os pesquisadores, pesquisas sobre movimentos planetários no novo sistema podem revelar interações complexas entre os planetas e fornecer dados da evolução do sistema a longo prazo. A equipe de astrônomos usou equipamentos especiais ligados ao telescópio de La Silla, no Chile, durante seis anos, para estudar a estrela do tipo solar, chamada de HD 10180, situada a 127 anos-luz de distância.

O sistema de planetas recém-descoberto em torno de HD 10180 é único em diversos aspectos. Primeiro porque possui mais planetas de grande massa; segundo porque há indícios de que não possui planetas gasosos do tipo de Júpiter; e terceiro porque todos os planetas parecem ter órbitas praticamente circulares.

O Observatório do Sul Europeu, financiado por 14 países da Europa, é considerado o observatório mais produtivo do mundo e a mais importante organização europeia intergovernamental para a investigação em astronomia.

Adaptado de: <http://www.eso.org/public/portugal/news/eso1035/>.
Publicado em 24 ago. 2010. Acesso em 12 set. 2011.

Sistema solar pode ter recebido partículas de vida da Terra

Novas simulações de um grupo de cientistas mexicanos indicam que pode ter sido a Terra que expeliu partículas de vida para o espaço, contrariando a teoria da panspermia. Segundo a tese da panspermia, existem sementes de vida em todo o Universo, tendo a vida na Terra começado quando uma dessas sementes aqui chegou e se reproduziu.

Para esses estudiosos da Universidade Autônoma do México, partes da crosta terrestre contendo organismos biológicos podem ter sido lançadas ao espaço devido aos impactos de asteroides. Conforme sua velocidade, podem até ter chegado a outros planetas. Após diversas simulações para analisar a dinâmica das partículas expelidas, os pesquisadores concluíram que partículas da Terra tinham condições de chegar a Vênus, Marte e até Júpiter.

O estudo avaliou o comportamento de 10.242 partículas a uma velocidade de ejeção mínima de 11,2 quilômetros por segundo (velocidade necessária para saírem da órbita do nosso planeta). Na simulação, fizeram as partículas percorrerem o espaço durante 30 mil anos, tempo máximo de sobrevivência do material biológico neste contexto. Os cálculos demonstraram que, conforme a velocidade de ejeção, uma partícula tem capacidade para chegar a Marte e até a Júpiter. Numa certa velocidade (11,2 quilômetros por segundo), tais partículas podem voltar a cair na Terra, e as com velocidade de 16,4 quilômetros por segundo podem sair do sistema solar.

Os resultados podem contribuir para buscar evidências de vida em ambientes capazes de sustentá-la, como Marte ou luas de Júpiter, Europa e Ganimedes.

Fonte: <http://www.cienciahoje.pt/index.php?oid=50620&op=all>.
Publicado em 24 ago. 2011. Acesso em 12 set. 2011.

Telescópio Hubble encontra menor lua de Plutão

O telescópio espacial Hubble descobriu uma quarta lua orbitando o planeta-anão Plutão. O minúsculo satélite (a menor já descoberta ao redor de Plutão) foi chamado provisoriamente de P4 e descoberto durante uma pesquisa para identificar anéis ao redor de Plutão. A nova lua possui um diâmetro estimado entre 13 e 34 quilômetros. A título de comparação, Caronte, a maior lua do planeta-anão, tem 1.043 quilômetros de diâmetro; e as outras duas, Nix e Hidra, medem 32 e 113 quilômetros, respectivamente.

A nova lua está localizada entre as órbitas de Nix e Hidra, descobertas em 2005. Caronte foi encontrada em 1978, mas só em 1990 o telescópio Hubble identificou-a como um corpo independente de Plutão. As câmeras do Hubble visualizaram os objetos a uma distância de mais de 5 bilhões de quilômetros.

A Nasa (em inglês, *National Aeronautics and Space Administration*), agência espacial norte-americana, vem conduzindo um estudo detalhado de Plutão para a missão *New Horizons* (Novos Horizontes). A sonda, lançada em 2006, já atravessou metade do sistema solar, devendo chegar a Plutão em 2015.

Adaptado de: <http://www.inovacaotecnologica.com.br/noticias/noticia.php?artigo=hubble-descobre-lua-plutao&id=010130110720>.
Publicado em 20 ago. 2011. Acesso em 12 set. 2011.

Planeta fora do sistema solar pode ser habitável

Astrônomos descobriram um planeta fora do sistema solar com condições de vida semelhantes às da Terra, onde pode até existir água líquida. Trata-se do exoplaneta Gliese 581g. Se as pesquisas confirmarem os indícios, esse seria o exoplaneta mais parecido com a Terra já descoberto, e o primeiro caso potencialmente habitável.

O planeta tem o tamanho da Terra e três vezes a sua massa, indicando ter provavelmente uma superfície rochosa. Os pesquisadores estimaram que a temperatura de sua superfície esteja entre -31 ºC e -12 ºC - valores em que é possível a sobrevivência humana. O novo planeta está a 20 anos-luz da Terra, distância considerada próxima em termos astronômicos. O novo planeta tem um período orbital (o que na Terra equivale a um ano) de menos de 37 dias.

Animados com a descoberta, os cientistas acreditam ser esse um planeta potencialmente habitável. E creem ainda existirem outros planetas como esse fora do sistema solar.

O estudo foi realizado em parceria entre a Universidade da Califórnia e o Instituto Carnegie, nos Estados Unidos.

Adaptado de: <http://ultimosegundo.ig.com.br/ciencia/descoberto+planeta+habitavel+fora+do+sistema+solar/n1237787221889.html>. Publicado em 29 set. 2010. Acesso em 12 set. 2011.

OBSERVATÓRIOS E PLANETÁRIOS

REGIÃO SUDESTE

OBSERVATÓRIO NACIONAL – Ministério da Ciência e Tecnologia
R. General Cristino, 77
São Cristóvão – Rio de Janeiro/RJ
F: (21) 3878-9100
Fax: (21) 2580-6041
www.on.br

OBSERVATÓRIO DO VALONGO – UFRJ
Centro de Ciências Matemáticas e da Natureza – CCMN
Universidade Federal do Rio de Janeiro – UFRJ
R. Ladeira Pedro Antonio, 43
Saúde – Rio de Janeiro/RJ
F: (21) 2263-0685
Fax: (21) 2203-1076
www.ov.ufrj.br

LABORATÓRIO NACIONAL DE ASTROFÍSICA – LNA/MG
Observatório do Pico dos Dias
R. Estados Unidos, 154
Bairro das Nações – Itajubá/MG
F: (35) 3629-8100
Fax: (35) 3623-1544
www.lna.br

OBSERVATÓRIO ABRAHÃO DE MORAES/SP
Instituto de Astronomia, Geofísica e Ciências Atmosféricas – IAG – USP
Estrada Municipal, s/n
Morro dos Macacos – Vinhedo/SP
F: (19) 3876-1444 / 3886-5855 / 3886-4439
www.iag.usp.br

OBSERVATÓRIO ASTRONÔMICO DA SERRA DA PIEDADE (Frei Rosário)/MG
Universidade Federal de Minas Gerais – ICEx – Física – UFMG
Serra da Piedade – Caeté/MG
F: (31) 3499-5679
www.observatorio.ufmg.br

OBSERVATÓRIO ASTRONÔMICO DO CTA/SP
Instituto de Aeronáutica e Espaço – IAE / Centro Técnico Aeroespacial – CTA
Pça. Mal. Eduardo Gomes, 50
Vila das Acácias – São José dos Campos/SP
F: (12) 3947-5246 / 3947-4801
Fax: (12) 3947-4800
www.iae.cta.br/observatorio/

RÁDIO OBSERVATÓRIO DO ITAPETINGA – ROI/SP
Centro de Radioastronomia e Aplicações Espaciais – CRAAE
Bairro do Itapetinga – Atibaia/SP
F: (11) 7871-1503
www.craam.mackenzie.br/roi.htm

OBSERVATÓRIO ASTRONÔMICO DA ESCOLA DE MINAS/MG
Museu de Ciência e Técnica – Universidade Federal de Ouro Preto – UFOP
Pça. Tiradentes, 2035
Ouro Preto – MG
Telefax: (31) 3559-3119 / 3559-1597
www.museu.em.ufop.br/museu/astronomia.php

OBSERVATÓRIO ASTRONÔMICO DO CDCC/SP
Centro de Divulgação Científica e Cultural – USP – Setor de Astronomia
Av. Dr. Carlos Botelho, 1465
Campus USP – São Carlos/SP
F: (16) 3373-9191
www.cdcc.sc.usp.br/cda/index.html

OBSERVATÓRIO ASTRONÔMICO PROF. MÁRIO SCHENBERG/SP
Faculdade de Engenharia de Ilha Solteira – Universidade Estadual Paulista – Unesp
Av. Brasil, 56
Centro – Ilha Solteira/SP
F: (18) 3743-1000
www.dfq.feis.unesp.br/astro/index.php

OBSERVATÓRIO ASTRONÔMICO DA UFES/ES
Centro de Ciências Exatas – Universidade Federal do Espírito Santo – UFES
Av. Fernando Ferrari, 514
Campus Universitário Alaor de Queiroz Araújo – Goiabeiras – Vitória/ES
F: (27) 3335-2828
Fax: (27) 3335-2460
www.cce.ufes.br

OBSERVATÓRIO JIRI VLCEK – Ministério da Educação/RJ
Universidade da Tecnologia e do Trabalho – Cefet
R. Dr. Siqueira, 273 – Parque Dom Bosco – Campos dos Goytacazes/RJ
F: (22) 2726-2800
Fax: (22) 2733-3079

OBSERVATÓRIO MUNICIPAL DE CAMPINAS "JEAN NICOLINI" – OMCJN/SP
Monte Urânia – Serra das Cabras – Distrito de Joaquim Egídio
Distrito de Sousas – Campinas/SP
F: (19) 3298-6566
www.observatorio.campinas.sp.gov.br

OBSERVATÓRIO MUNICIPAL DE AMERICANA – OMA/SP
R. Itacolomi, 1113
Jd. Ipiranga – Americana/SP
Telefax: (19) 3462-0207

OBSERVATÓRIO ASTRONÔMICO DE PIRACICABA – OAP/SP
Rod. Fausto Santomauro, km 3 (Rodovia Piracicaba-Rio Claro)
Piracicaba/SP
Fone: (19) 3413-0990
www.piracicaba.sp.gov.br

OBSERVATÓRIO MUNICIPAL DE AMPARO/SP
Parque Ecológico Municipal de Amparo
R. Salerno, s/n
Bairro do Silvestre – Amparo/SP
F: (19) 3807-9088
www.amparo.sp.gov.br

OBSERVATÓRIO MUNICIPAL DE DIADEMA – OMD/SP
Av. Antonio Silva Cunha Bueno, 1322
Jd. Inamar – Diadema/SP
F: (11) 4043-6457
www.diadema.sp.gov.br/turismo/atracoes-municipais/2589-observatorio-astronomico.html

OBSERVATÓRIO MUNICIPAL ANWAR DAHMA/SP
Prefeitura Municipal de Presidente Prudente
Rod. Raposo Tavares, km 561, s/n
Presidente Prudente/SP
F: (18) 3903-7357

OBSERVATÓRIO DO CENTRO INTEGRADO DE CIÊNCIAS/SP
R. João Batista Vetorazzo, 500
Distrito Industrial – São José do Rio Preto/SP
F: (17) 3232-9426

OBSERVATÓRIO DO CIENTEC – USP/SP
Parque de Ciência e Tecnologia da USP
Av. Miguel Stéfano, 4200
Água Funda – São Paulo/SP
F: (11) 5077-6300
www.parquecientec.usp.br

PLANETÁRIO E ESCOLA MUNICIPAL DE ASTROFÍSICA/SP
Planetário Prof. Aristóteles Orsini
Av. Pedro Álvares Cabral – Portão 10
Parque Ibirapuera – São Paulo/SP
F: (11) 5575-5206
Fax: (11) 5575-5425
http://portal.prefeitura.sp.gov.br/secretarias/meio_ambiente/planetarios

FUNDAÇÃO PLANETÁRIO DA CIDADE DO RIO DE JANEIRO/RJ
Av. Padre Leonel Franca, 240
Gávea – Rio de Janeiro/RJ
F: (21) 3523-4040
www.rio.rj.gov.br/planetario

PLANETÁRIO DO MDCC/SP
Museu Dinâmico de Ciências de Campinas
Av. Heitor Penteado, s/n
Parque Portugal (Taquaral) – Portão 7
Campinas/SP
Telefax: (19) 3252-2598
www.planetarios.org.br/planetario/planetario-de-campinas

PLANETÁRIO DE TATUÍ/SP
Associação de Ensino Tatuiense – Asseta
R. Oracy Gomes, 665
Tatuí/SP
F: (15) 3251-0003 / 3205-1317

PLANETÁRIO DE BROTAS/SP
Centro de Estudos do Universo – CEU
R. Emilio Dalla Déa, s/n
Campos Elíseos – Brotas/SP
F: (14) 3653-4466 / (11) 3812-2112
www.fundacaoceu.org.br

PLANETÁRIO DE PRESIDENTE PRUDENTE/SP
Planetário Dr. Odorico Nilo Menin Filho
Rod. Raposo Tavares – km 561, s/n
Presidente Prudente/SP
F: (18) 3903-7357

OBSERVATÓRIO ASTRONÔMICO DE PIRACICABA
Rod. Fausto Santomauro – km 3, s/n
Piracicaba/SP
F: (19) 3413-0990

Observatório Antares, em Feira de Santana, na Bahia.

REGIÃO NORDESTE

OBSERVATÓRIO ASTRONÔMICO ANTARES/BA
Universidade Estadual de Feira de Santana – UEFS
R. da Barra, 925
Bairro do Jardim Cruzeiro – Feira de Santana/BA
Telefax: (75) 3624-1921
www.uefs.br/antares

OBSERVATÓRIO HENRIQUE MORIZE/CE
Museu do Eclipse
Pça. do Patrocínio – Sobral/CE
www.sobral.ce.gov.br/comunicacao/novo2/index.php?pagina=cidade/museu-eclipse.php

OBSERVATÓRIO ASTRONÔMICO DA TORRE MALAKOFF/PE
Espaço Ciência
R. do Observatório, s/n
Bairro do Recife Antigo – Recife/PE
F: (81) 3424-8704 / 3424-8707
www.espacociencia.pe.gov.br

OBSERVATÓRIO ASTRONÔMICO DA SÉ/SE
Prefeitura Municipal de Olinda – Espaço Ciência
Rua Bispo Coutinho, s/n
Alto da Sé – Olinda/PE
F: (81) 3301-6154 / 3301-6153
Fax: (81) 3301-6140
www.espacociencia.pe.gov.br

PLANETÁRIO – FUNESC/PB
Fundação Espaço Cultural da Paraíba
R. Abdias Gomes de Almeida, 800
Tambauzinho – João Pessoa/PB
F: (83) 3211-6263
www.paraiba.pb.gov.br

PLANETÁRIO RUBENS DE AZEVEDO/CE
Centro Dragão do Mar de Arte e Cultura
R. Dragão do Mar, 81
Praia de Iracema – Fortaleza/CE
F: (85) 3488-8639
www.dragaodomar.org.br/planetario

REGIÃO SUL

OBSERVATÓRIO ASTRONÔMICO MANOEL MACHUCA/PR
Universidade Estadual de Ponta Grossa – UEPG
Av. Carlos Cavalcanti, 4748
Campus Uvaranas – Ponta Grossa/PR
F: (42) 3220-3199
Fax: (42) 3220-3042
www.jupiter.uepg.br

OBSERVATÓRIO ASTRONÔMICO DA UFRGS/RS
Universidade Federal do Rio Grande do Sul – UFRGS
Av. Osvaldo Aranha, s/n – Porto Alegre/RS
F: (51) 3316-3352
www.if.ufrgs.br/observatorio/index.html

PLANETÁRIO DA UFSC/SC
Universidade Federal de Santa Catarina
Campus Universitário – Trindade – Florianópolis/SC
F: (48) 3721-9241
http://planetario.ufsc.br

PLANETÁRIO DO CCNE – UFSM/RS
Centro de Ciências Naturais e Exatas – Universidade Federal de Santa Maria
Campus – Camobi – Santa Maria/RS
F: (55) 3220-8164
site.ufsm.br/orgaos-suplementares/planetario

PLANETÁRIO DA UFRGS/RS
Planetário Prof. José Baptista Pereira – Universidade Federal do Rio Grande do Sul
Av. Ipiranga, 200 – Porto Alegre/RS
F: (51) 3308-5384
Fax: (51) 3308-5387
www.planetario.ufrgs.br

PLANETÁRIO DE LONDRINA/PR
Universidade Estadual de Londrina – UEL
R. Benjamin Constant, 800
Centro – Londrina/PR
F: (43) 3344-1145
www.uel.br/cce/mct/planetario

REGIÃO CENTRO-OESTE

PLANETÁRIO DA UFG/GO
Universidade Federal de Goiás
Av. Contorno, s/n – Parque Mutirama
Centro – Goiânia/GO
Telefax: (62) 3225-8085 / 3225-8028
www.planetario.ufg.br

REGIÃO NORTE

PLANETÁRIO SEBASTIÃO SODRÉ DA GAMA/PA
Universidade Estadual do Pará – UEPA
Rod. Augusto Montenegro, km 3
Nova Marambaia – Belém/PA
F: (91) 3232-1177 / 3232-1144 / 3232-1055

MUSEUS E PARQUES

Museu de Ciências da USP
Av. Prof. Luciano Gualberto – Travessa J, 374
Prédio da Antiga Reitoria – 4º andar
Cidade Universitária – São Paulo/SP
F: (11) 3091-3252 / (11) 3091-2051
Fax: (11) 3091-3252
biton.uspnet.usp.br/mc

Museu de Ciências e Tecnologia – PUCRS
Av. Ipiranga, 6681 – Prédio 40
Bairro Partenon – Porto Alegre/RS
F: (51) 3320-3521 / (51) 3320-3597
Fax: (51) 3320-3903
www.pucrs.br/mct

Associação Brasileira de Centros e Museus de Ciência – ABCMC
R. Lauro Muller, 3
Botafogo – Rio de Janeiro/RJ
Telefax: (21) 2542-7494
www.abcmc.org.br

Planetário da Fundação Espaço Cultural da Paraíba (associado à ABCMC)
Av. Abdias Gomes de Almeida, 800
Tambauzinho – João Pessoa/PB
F: (83) 3211-6263
Fax: (83) 3211-6209

Museu de Astronomia e Ciências Afins (associado à ABCMC)
R. General Bruce, 586
São Cristóvão – Rio de Janeiro/RJ
F: (21) 2580-7010
Fax: (21) 2580-4531
www.mast.br

Parque da Ciência de Viçosa (associado à ABCMC)
Centro de Referência do Professor
Campus UFV – Viçosa/MG
F: (31) 3899-2699 / 3899-2499
www.parquedaciencia.com.br

Estação Ciência da Universidade de São Paulo (associado à ABCMC)
Rua Guaicurus, 1394
Lapa – São Paulo/SP
F: (11) 3673-7022
Fax: (11) 3673-2798
www.eciencia.usp.br

Parque de Ciência e Tecnologia da USP
Av. Miguel Stéfano, 4200
Água Funda – São Paulo/SP
F: (11) 5077-6300
Agendamentos para passeios escolares
F: (11) 5077-6312
Fax: (11) 5073-0270
www.parquecientec.usp.br

FILMES E VÍDEOS

Discovery Channel – Distribuidora: Discovery / True Tech
Terra: um planeta fascinante
Colisão de cometas
Descobrindo a Estação Espacial
Missão espacial

Scientific American Brasil
Série Exploração do Espaço – Novo guia visual do universo
Ed. 01 – Sistema solar – planetas terrestres
Ed. 02 – Sistema solar – planetas gasosos
Ed. 03 – O homem e o espaço – o sonho da conquista
Ed. 04 – Evolução cósmica – do começo ao fim
www2.uol.com.br/sciam/exploracaodoespaco

Dendera – O Amanhecer da Astronomia
45 min. / Dublado em Português
Produção: Arcobaque Haus

Ferramentas de Astronomia dos Antigos Maias
45 min. / Dublado em Português
Produção: Popular Arts Entertainment Inc.

Buracos negros
30 min. / Legendado em Português
Produção: BBC

Asteroide – O impacto final
52 min. / Dublado em Português
Produção: National Geographic

Tudo sobre asteroides e cometas
46 min. / Dublado em Português
Produção: The Cronkite War Company

LINKS INTERESSANTES

AEB – Agência Espacial Brasileira
www.aeb.gov.br

SAB – Sociedade Astronômica Brasileira
www.sab-astro.org.br

LNA – Laboratório Nacional de Astrofísica
www.lna.br

Nasa – Administração Nacional Espacial e de Aeronáutica (National Aeronautics and Space Administration)
www.nasa.gov

ESA – Agência Espacial Europeia
www.esa.int

Instituto de Astronomia Geofísica e Ciências Atmosféricas da USP
www.iag.usp.br

Departamento de Astrofísica – Instituto Nacional de Pesquisas Espaciais
www.das.inpe.br

Instituto de Física da Universidade Federal do Rio Grande do Sul
www.if.ufrgs.br

Biblioteca Digital Mundial
www.wdl.org/pt

Setor de Astronomia do CDCC – USP
www.cdcc.sc.usp.br/cda

Associação Brasileira de Planetários
www.planetarios.org.br

Astronomia e Astrofísica
Departamento de Astronomia do Instituto de Física da UFRGS
http://astro.if.ufrgs.br

Revista Latino-Americana de Educação em Astronomia (Relea)
www.relea.ufscar.br

Feira de Ciências Virtual
www.feiradeciencias.com.br

Liada – Liga Iberoamericana de Astronomia
www.liada.net

IAU – União Internacional de Astronomia (International Astronomical Union)
www.iau.org

AEB – Agência Espacial Brasileira
www.aeb.gov.br

ESO – Observatório da Europa do Sul (European Southern Observatory)
www.eso.org

StarChild – Centro de Aprendizagem para Jovens Astrônomos (em português)
http://heasarc.gsfc.nasa.gov/nasap/docs/StarChild.html

Website escolar de ciência e cultura
www.ciencia-cultura.com

Portal de Astronomia e Astrofísica
www.cosmobrain.com.br

Portal do Astrônomo
www.portaldoastronomo.org

Kits didáticos de astronomia – Universidade Estadual de Feira de Santana/BA
www.uefs.br/pecs/textos/kitsdt.html

Telescópios na Escola
www.telescopiosnaescola.pro.br

Inape – Instituto de Astronomia e Pesquisas Espaciais
www.inape.org.br

Departamento de Astronomia da USP/SP
www.iag.usp.br/astronomia

Website **de difusão, ensino e divulgação de astronomia**
www.uranometrianova.pro.br

BRETONES, Paulo S. *Os segredos do universo*. 10ª ed. - ref. São Paulo: Atual, 2009.

CADOGAN, Peter. *Lua, nosso planeta irmão*. Rio de Janeiro: Francisco Alves Editora, 1985.

CANIATO, Rodolpho. *O céu*. São Paulo: Ática, 1990.

_____ . *O que é astronomia*. São Paulo: Brasiliense, 1981.

CARROL, Michael. *Astros e planetas*. Coleção Natureza. São Paulo: Editora Vida, 2003.

CAYEUX, André de; BRUNIER, Serge; DOLLFUS, Audouin. *Os planetas*. Rio de Janeiro: Francisco Alves Editora, 1985.

DELERUE, Alberto. *O sistema solar*. Rio de Janeiro: Ediouro, 2002.

FARIA, Romildo P. (org.). *Fundamentos de astronomia*. 3ª ed. Campinas: Papirus, 1987.

FRIAÇA, Amâncio C. S.; DAL PINO, Elisabete; SODRÉ JR., Laerte e JATENCO-PEREIRA, Vera (orgs.). *Astronomia, uma visão geral do universo*. São Paulo: Edusp, 2000.

MOURÃO, Ronaldo Rogerio Freitas. *Sol e energia no terceiro milênio*. São Paulo: Scipione, 2000.

_____ . *Astronáutica; do sonho à realidade*. Rio de Janeiro: Bertrand Brasil, 1999.

_____ . *Anuário de Astronomia 2008*. Rio de Janeiro: Bertrand Brasil, 2008.

_____ . *Manual do astrônomo*. Rio de Janeiro: Editora Jorge Zahar, 2004.

PRADO, Arany e ARMELLI, Lilia. *À luz das estrelas; ciência através da astronomia*. Rio de Janeiro: DP&A, 2006.

RIDPATH, Ian. *Guia de astronomia*. Rio de Janeiro: Editora Jorge Zahar, 2007.

STRATHERN, Paul. *Galileu e o sistema solar em 90 minutos*. Rio de Janeiro: Editora Jorge Zahar, 1999.

VERDET, Jean-Pierre. *O céu; mistério, magia e mito*. Rio de Janeiro: Objetiva, 2000.

O AUTOR

PAULO SERGIO BRETONES nasceu em São Paulo, SP, em 5 de julho de 1965. Iniciou seus estudos de Astronomia em 1979 e, em seguida, passou a fazer palestras no Observatório Municipal de Campinas Jean Nicolini. Entre 1988 e 1993 trabalhou no Planetário do Museu Dinâmico de Ciências de Campinas.

Foi *consulting member* da Comissão 46 (*Teaching of Astronomy*) da União Astronômica Internacional em 1991 e, em 1992, tornou-se coordenador da seção de Ensino da Liga Iberoamericana de Astronomia. Formado em Química pela Unicamp em 1991, obteve o título de Mestre em Geociências em 1999 e de Doutor em Ensino e História de Ciências da Terra em 2006, pelo IG/Unicamp, na área de Educação, em temas relacionados ao Ensino de Astronomia. Como professor, tem atuado nos ensinos fundamental, médio, pré-vestibular e superior ministrando disciplinas na área de Química, Astronomia e Educação. Atualmente, é professor adjunto da Universidade Federal de São Carlos (Ufscar). É coeditor da Revista Latino-Americana de Educação em Astronomia (Relea).

Tem participado ativamente de projetos de observação do céu e de divulgação astronômica, ministrando palestras e cursos dirigidos para estudantes, professores e público em geral. Também tem escrito artigos em jornais e revistas, assim como participado de programas de rádio e TV. Dedica-se à pesquisa na área de Educação em Astronomia e tem apresentado trabalhos em congressos no Brasil e no exterior.